W0293760

Jackie Silberg

155 Fünf-Minuten-Spiele für die Kita zu allen Bildungsbereichen

Verlag an der Ruhr

Impressum

Titel
155 Fünf-Minuten-Spiele für die Kita
zu allen Bildungsbereichen

Titel der Originalausgabe
500 Five Minute Games. Quick and Easy Activities
© Gryphon House, Inc, 1995, USA

Autorin
Jackie Silberg

Titelbildmotive
Anja Boretzki

Illustrationen im Innenteil
Anja Boretzki

Umschlaggestaltung
Magdalene Krumbeck, Wuppertal

Innengestaltung
Markus Schmitz, Altenberge

Lektorat
Yvonne Wagner, Pöcking

Verlag an der Ruhr
Mülheim an der Ruhr
www.verlagruhr.de

Geeignet für die Altersstufen 3 – 7

Unser Beitrag zum Umweltschutz
Wir sind seit 2008 ein ÖKOPROFIT®-Betrieb und setzen uns damit aktiv für den Umweltschutz ein. Das ÖKOPROFIT®-Projekt unterstützt Betriebe dabei, die Umwelt durch nachhaltiges Wirtschaften zu entlasten. Unsere Produkte sind grundsätzlich auf chlorfrei gebleichtes und nach Umweltschutzstandards zertifiziertes Papier gedruckt.

ISBN 978-3-8346-2679-0

Körper und Bewegung

Sprache

Natur und Lebenswelt

Inhaltsverzeichnis

Kunst und Musik

Mathematik

Aus allen Bereichen

Liebe Leserin, lieber Leser,

Kinder lieben und brauchen Spiele. Mit diesen 155 Spielideen kommen Sie diesem Bedürfnis nach, auch wenn nur wenig Zeit zum Spielen ist. Denn die Spielideen sind besonders einfach und direkt umsetzbar, sodass Sie keinerlei Vorbereitungen treffen müssen.

Zu diesem Buch

Die 155 Spiele in diesem Buch sind in sechs Kapitel aufgeteilt. Das erste Kapitel bietet Spiele, die den Kindern die Auseinandersetzung mit ihrem **Körper** ermöglichen. **Bewegungsspiele** fordern die Kinder heraus und lassen sie ihre körperlichen Grenzen erfahren. Die Kinder lernen, sich im Raum zu orientieren und sich fit zu halten. Zum Schluss dürfen sie aber auch entspannen und so üben, sich selbst zu spüren.

Ihren Wortschatz erweitern können die Kinder mit Spielen im Kapitel **Sprache**. Lustige und fantasievolle Ideen regen an, zu kommunizieren und Geschichten zu erfinden. Sprachrhythmus und Sprachmelodie werden geschult und der Wortschatz der Kinder erweitert sich.

Das Kapitel **Natur und Lebenswelt** bietet einige Spiele, die Tiere thematisieren. So dürfen die Kinder Tierbewegungen nachahmen oder nachspielen, wie und wo Tiere wohnen. Spiele zum Wetter, der Umgebung und physikalischen Phänomenen erweitern die Sammlung und regen die Kinder an, auch nach dem Spiel weiterzudenken.

Im Kapitel **Kunst und Musik** finden Sie Spiele, die vor allem die Fantasie der Kinder ansprechen. Hier geht es darum, Kindern Raum und Zeit zu geben, sich selbst auszudrücken und ihre schöpferischen Fähigkeiten kennenzulernen.

Erste spielerische Erfahrungen mit **Mathematik** macht Kindern Spaß und fördert ihre Neugier auf den Umgang mit Zahlen und Mengen. Dabei sind die Spiele so konzipiert, dass sie möglichst viele Sinne ansprechen, sodass das Kennenlernen von Ziffern, Mengen und Maßen Spaß macht und die Kinder sich das Gelernte gut einprägen können.

Spiele aus allen Bereichen haben keinen spezifischen Bildungsschwerpunkt. Hier können Sie trotzdem anhand der Rubrik *„Das fördern Sie"* erkennen, welchen Bereich Sie mit dem Angebot besonders ansprechen. Nutzen Sie diese Spielideen besonders, um Kinder in Gemeinschaft zu beobachten, Gruppenprozesse zu erkennen und einzelne Kinder in ihrem Verhalten innerhalb der Gruppe wahrzunehmen.

Zu jeder Spielanregung finden Sie einen Hinweis über das jeweilige **Bildungsziel**, das Sie mit dem Spiel am meisten anstreben können. Selbstverständlich fördern Sie stets mehrere Fähigkeiten und Fertigkeiten der Kinder. Der Schwerpunkt hilft Ihnen jedoch, die Spiele gezielt einzusetzen, um Bildungsfortschritte zu beobachten und zu dokumentieren.

Alle Spielanregungen sind für Kinder im **Alter von drei bis etwa sieben Jahre** gedacht. Wenn Sie jüngere Kinder einbeziehen möchten, probieren Sie es aus. Die meisten Spiele lassen sich vereinfachen, indem Sie Komponenten weglassen oder den Ablauf verkürzen.

Die **Spielanleitungen** sind chronologisch aufgebaut, sodass Sie direkt damit arbeiten können. Für manche Spiele bietet sich eine Variationsmöglichkeit an, die Sie direkt unter der Anleitung finden. Bleiben Sie beim Spielen mit den Kindern stets offen für deren Ideen, so ergeben sich bestimmt noch viele weitere Variationen und lustige Spielideen.

Wir wünschen Ihnen und den Ihnen anvertrauten Kindern nun viel Spaß beim Spielen und Lernen!

Körper und Bewegung

Kichererbse

Das fördern Sie:

Körperwahrnehmung

Das brauchen Sie: –

So geht es:

- Dieses Spiel können Sie jederzeit und an einem beliebigen Ort spielen.
- Teilen Sie die Kinder in Paare ein.
- Bestimmen Sie einen Körperteil für das Spiel.
- Die Kinder berühren sich gegenseitig mit diesem Körperteil: Wenn z. B. der Zeh bestimmt wurde, stellen die Kinder ihre Füße so zusammen, dass sich ihre Zehen berühren.
- Nachdem Sie einige Körperteile durchgegangen sind, rufen Sie „*Kichererbse*" und die Kinder suchen sich neue Partner.

Bleibt am Platz!

Das fördern Sie:

Körperwahrnehmung

Das brauchen Sie:

Klebeband, Instrumentalmusik, Abspielgerät

So geht es:

- Geben Sie jedem Kind ein Stück Klebeband, das es vor sich auf den Boden klebt.
- Nun stellen sich die Kinder auf ihr Klebeband und bewegen einen bestimmten Körperteil, ohne dass die Beine das Klebeband verlassen.
- So können die Kinder z. B. ihre Arme, Köpfe, Schultern, Münder und Hüften bewegen.
- Spielen Sie dazu Instrumentalmusik.

Lustige Figuren

Das fördern Sie:

Körperwahrnehmung

Das brauchen Sie: –

So geht es:

- Mit diesem Spiel üben die Kinder die Bestimmung ihrer eigenen Körperteile.
- Zuerst sollen die Kinder auf ihre Nasen zeigen, danach auf ihre Handgelenke.
- Nun sollen sie ihre Nasen und Handgelenke zusammenführen, sodass sie sich berühren.
- Lassen Sie die Kinder danach weitere Körperteile zusammenführen: Hier einige Bewegungen, die Kinder lieben:
  Berühre mit dem Ellenbogen dein Knie.
  Berühre mit deiner Nase einen Zeh.
  Berühre mit deinem Kopf dein Bein.

Variante

Lassen Sie die Kinder sich ihre eigenen Bewegungen ausdenken.

Statuen in Bewegung

Das fördern Sie:

Körperwahrnehmung

Das brauchen Sie: –

So geht es:

- Erklären Sie den Kindern, was eine Statue ist.
- Danach sollen die Kinder selbst Statuen ihrer Wahl darstellen.
- Die Kinder bewegen sich als Statuen durch den Raum, ohne ihre Haltung zu verändern.
- Lassen Sie die „*Statuen*" sich nun um die eigenen Achsen drehen.
- Schaffen sie es, sich zuerst ganz langsam und plötzlich ganz schnell zu bewegen, ohne ihre Haltung aufzugeben?
- Geben Sie schließlich das Kommando zum „*Stillstehen*", woraufhin die Statuen unbeweglich dastehen sollen.

Schüttle dich!

Das fördern Sie:

Körperwahrnehmung

Das brauchen Sie: –

So geht es:

- Die Kinder stehen im Kreis. Ein Kind beginnt und nennt einen bestimmten Körperteil (z. B. das Bein).
- Alle anderen Kinder schütteln nun ihre Beine aus, bis das *„Bestimmerkind"* *„Stopp"* ruft.
- Achten Sie darauf, dass die Kinder im Laufe des Spiels verschiedene Körperteile benennen, da das Spiel sonst an Spannung verliert.
- Die Kinder können den Kopf, die Hände, Füße, Zehen usw. schütteln.
- Falls Sie eine große Gruppe von Kindern haben, bestimmen Sie selbst die Körperteile und die Zeit zum Wechseln, damit sich das Spiel nicht unnötig in die Länge zieht.

Du bestimmst!

Das fördern Sie:

Koordinationsvermögen

Das brauchen Sie:

Ball

So geht es:

- Besprechen Sie mit der Gruppe die verschiedenen Übungen, die die Kinder gerne machen.
- Bestimmen Sie drei verschiedene Übungen, z. B. Auf-der-Stelle-Laufen, Hampelmann und Fingerspitzen-an-Zehenspitzen.
- Setzen Sie sich im Kreis zusammen und rollen Sie einen Ball zu einem Kind.
- Dieses Kind bestimmt eine der Übungen, die daraufhin alle zusammen machen.
- Nach der Übung darf das Kind den Ball zu einem anderen Kind rollen.

Körper und Bewegung

Mach mich nach!

Das fördern Sie:

Koordinationsvermögen

Das brauchen Sie: –

So geht es:

- Führen Sie eine Bewegung durch. Die Kinder sollen diese Bewegung nachmachen. Treten Sie z. B. in die Luft.
- Führen Sie eine weitere Bewegung durch: Flattern Sie mit den Armen.
  Auch dieses Mal sollen die Kinder die Bewegung nachmachen.
- Kombinieren Sie die beiden Bewegungen und lassen Sie die Kinder Sie nachmachen.
- Dieses Spiel ist ein hervorragendes Sequenz-Spiel.
- Fügen Sie so viele Bewegungen hinzu, wie die Kinder behalten können.

Der Knöchelgang

Das fördern Sie:

Koordinationsvermögen

Das brauchen Sie: –

So geht es:

- Die Kinder stellen sich in einer Reihe auf.
- Nun sollen sie sich nach vorne beugen und ihre Knöchel umfassen.
- In dieser Haltung laufen sie bis zur anderen Seite des Raumes.
- Können sie auch Kurven laufen oder im Kreis gehen?
  Probieren Sie es aus!

Variante:

Die Kinder können ausprobieren, welche Möglichkeiten es noch gibt, sich das Gehen zu erschweren. Vielleicht fassen sie die Hände hinter den Kniekehlen an. Ein Kind macht vor, wie es gehen möchte und die anderen Kinder ahmen es nach.

Tierischer Hüpfspaß

Das fördern Sie:

Koordinationsvermögen

Das brauchen Sie: –

So geht es:

- Greifen Sie auf dieses Spiel zurück, um überschüssige Energien der Kinder abzubauen und gleichzeitig die Koordination zu fördern.
- Geben Sie den Kindern ein Bewegungswort, wie *„hüpfen"*.
- Nun sollen die Kinder über alle möglichen Tiere nachdenken, die hüpfen können: Grashüpfer, Känguru oder Kaninchen.
- Lassen Sie die Kinder der Reihe nach ein Tier auswählen, das hüpfen kann. Anschließend führt jedes Kind vor, wie genau sich sein Tier fortbewegt.
  Der Rest der Gruppe macht es nach.
- Nennen Sie danach auch andere Bewegungswörter wie z. B. *„laufen"*, *„springen"*, *„rollen"* oder *„schlängeln"*.

Marsch durch den Raum!

Das fördern Sie:

Koordinationsvermögen

Das brauchen Sie: –

So geht es:

- Die Kinder stellen sich in einer Reihe auf.
- Stellen Sie sich an die Spitze der Reihe und marschieren Sie in verschiedenen Mustern durch den Raum: Laufen Sie z. B. in einem Kreis, diagonal durch den Raum, um Möbel herum usw.
- Versuchen Sie, auch in einer Reihe rückwärts zu marschieren.
- Probieren Sie weitere Laufwege aus.

Variante:

Lassen Sie auch Kinder verschiedene Laufmuster an der Spitze der Reihe bestimmen.

Seiltänzer

Das fördern Sie:

Koordinationsvermögen

Das brauchen Sie:

Klebeband

So geht es:

- Sprechen Sie mit den Kindern über das Thema „*Zirkus*“. Fragen Sie sie, ob sie schon einmal einen Seiltänzer gesehen haben.
- Kleben Sie einen langen Streifen Klebeband auf den Boden.
- Die Kinder sollen sich nun vorstellen, dieses Klebeband sei ein Hochseil.
- Zeigen Sie den Kindern, wie man sehr vorsichtig auf einem Hochseil balanciert, indem man einen Fuß vor den anderen setzt.
- Spielen Sie Instrumentalmusik, während die Kinder so tun, als ob sie seiltanzen.
- Lassen Sie die Kinder während der Übung andere Kunststücke auf dem „*Hochseil*“ ausprobieren, wie z. B. rückwärts gehen oder auf einem Bein stehen und Balance halten.

Variante:

Bieten Sie den Kindern an, auf einem Seil zu balancieren, das auf dem Boden liegt.

Was bewegt sich?

Das fördern Sie:

visuelle Wahrnehmung

Das brauchen Sie: –

So geht es:

- Rufen Sie ein Kind zu sich. Es soll sich ganz still hinstellen.
- Flüstern Sie ihm ins Ohr, welchen Körperteil es bewegen soll.
- Die Bewegung sollte minimal sein. Danach muss das Kind wieder still stehen.
- Die anderen Kinder passen genau auf, um zu sehen, welchen Körperteil das Kind bewegt hat.
- Wer hat es zuerst herausgefunden? Der Sieger löst das Kind neben Ihnen ab.

Variante:

Wenn die Kinder das Spiel verstanden haben, können Sie sie auch zwei Körperteile gleichzeitig bewegen lassen.

Trommelschlag-Schritte

Das fördern Sie:

auditive Wahrnehmung

Das brauchen Sie:

Handtrommel oder Tamburin

So geht es:

- Schlagen Sie rhythmisch eine Handtrommel oder ein Tamburin.
- Die Kinder gehen im Takt dazu durch den Raum.
- Schlagen Sie sehr langsam, sodass die Kinder jetzt sehr langsam gehen müssen.
- Schlagen Sie sehr schnell, sodass die Kinder schnell gehen müssen.
- Schlagen Sie laut, müssen die Kinder Riesenschritte machen.
- Schlagen Sie leise, machen die Kinder ganz kleine Schritte.
- Kinder ab einem Alter von vier oder fünf Jahren können schon nach dem tatsächlichen Rhythmus laufen. Dreijährigen fällt dies in der Regel noch schwer.

Variante:

Lassen Sie die Kinder selbst der Reihe nach die Trommel schlagen: schnell, langsam, laut und leise …

Stopp und los

Körper und Bewegung

Das fördern Sie:

auditive Wahrnehmung

Das brauchen Sie:

Instrumentalmusik, Abspielgerät

So geht es:

- Spielen Sie schnelle Instrumentalmusik.
- Die Kinder sollen nun zu der Musik frei tanzen.
- Wenn die Musik anhält, sollen sie an Ort und Stelle still stehen bleiben, und zwar genau in der Haltung, die sie in dem Moment haben. Sobald die Musik weiterspielt, können sie weitertanzen.
- Kinder lieben dieses Spiel.
- Um Kinder zu beruhigen, spielen Sie dieses Spiel mit ruhiger Musik.

Hoch und niedrig

Das fördern Sie:

Raumwahrnehmung

Das brauchen Sie:

Schal

So geht es:

- Das Flattern eines Schals kann dabei helfen, die Raumdimensionen *„hoch“* und *„niedrig“* zu verdeutlichen.
- Bestimmen Sie ein Kind, das durch den Raum laufen und einen Schal dabei hoch in der Luft halten soll.
- Bein Laufen soll es den Arm heben und senken, um die Raumdimensionen *„hoch“* und *„niedrig“* selbst zu erfahren. Es hilft Kindern tatsächlich dabei, diese Dimensionen zu verinnerlichen, wenn sie die betreffenden Bewegungen selbst ausführen.
- Wiederholen Sie die Übung mit einem anderen Kind.

Umarmt die Luft!

Das fördern Sie:

Raumwahrnehmung

Das brauchen Sie: –

So geht es:

- Wenn die Kinder Energie abbauen müssen, versuchen Sie es mit diesem Spiel: Geben Sie folgende Kommandos:

  Schlagt die Luft!
  Boxt die Luft!
  Tretet die Luft!
  Umarmt die Luft!
  Tätschelt die Luft!
  Bürstet die Luft!
  Schiebt die Luft!
  Werft die Luft!
  Fangt die Luft!

- Lassen Sie die Kinder diese Bewegungen langsam, schnell, sanft oder kraftvoll ausführen.

Fantasiereise

Das fördern Sie:

Vorstellungskraft

Das brauchen Sie: –

So geht es:

- Machen Sie eine Fantasiereise mit den Kindern: z. B. einen Spaziergang in die Umgebung.
- Die Kinder sollen ihre Augen schließen und sich einen bestimmten Ort in der Umgebung vorstellen, z. B. einen Spielplatz, einen Baum, ein Haus oder ein Gebäude.
- Fragen Sie die Kinder, welche Geräusche sie an diesem Ort hören würden, wenn sie dort wären.
- Wenn sie die Geräusche aufzählen, sollen sie sie auch nachmachen.

Aufwachen!

Das fördern Sie:

Vorstellungskraft

Das brauchen Sie: –

So geht es:

- Die Kinder liegen auf dem Boden, bedecken ihre Augen mit den Händen und tun so, als ob sie schlafen.
- Sagen Sie „*Die Kinder schlafen, und wenn sie aufwachen, sind sie …*" (Tiere, Autos, wachsende Pflanzen usw.)
- Die Kinder tun so, als wachten sie auf und als seien sie das, was Sie zuvor gesagt haben.
- Spielen Sie das Spiel ein paar Mal.
- Zum Schluss sagen Sie: „*Und wenn sie aufwachen, sind sie wieder Kinder.*"

Kleine Buntstifte

Das fördern Sie:

Kreativität

Das brauchen Sie: –

So geht es:

- Die Kinder sollen sich vorstellen, sie seien Buntstifte.
- Lassen Sie jedes Kind die Farbe aussuchen, die es gerne sein möchte.
- Das *„Malpapier"* ist der Fußboden.
- Nun sollen die Kinder mit ihren Körpern auf den Fußboden *„malen"*.
- Einige Vorschläge:
  Kritzelt das ganze Papier voll!
  Malt dicke und dünne Linien!
  Malt lange und kurze Linien!
  Malt kleine Kreise!
  Malt ein Herz!

Zauberton

Körper und Bewegung

Das fördern Sie:

Kreativität

Das brauchen Sie: –

So geht es:

- Tun Sie so, als hätten Sie einen Klumpen Ton in der Hand.
- Klopfen und rollen Sie den Ton.
- Zeigen Sie den Kindern, was man mit *„Zauberton"* machen kann: Rollen Sie ihn, ziehen Sie ihn auseinander, kneten Sie ihn und werfen Sie ihn in die Luft.
- Geben Sie den Ton an ein Kind weiter und ermutigen Sie es, etwas damit zu machen.
- Reichen Sie den Ton weiter, bis jedes Kind einmal an der Reihe war.

Wirbeln im Wind

Das fördern Sie:

Kreativität

Das brauchen Sie: –

So geht es:

- Sprechen Sie mit den Kindern darüber, wie der Wind die verschiedensten Dinge umher weht.
- Die Kinder sollen nun Dinge benennen, die der Wind umher wehen könnte.
- Geben Sie den Kindern die folgenden Anweisungen:

  Seid Blätter, die sanft auf den Boden taumeln!
  Seid Blätter, die heftig über die Wiese geweht werden!
  Seid Regentropfen, die auf die Erde fallen!
  Seid Federn, die vom Wind verweht werden!
  Seid Schneeflocken, die vom Wind verwirbelt werden!
  Seid lustige Drachen, die in der Luft tanzen!

Spiel den Ball!

Das fördern Sie:

Kooperationsfähigkeit

So geht es:

Das brauchen Sie: Ball

- Die Kinder sollen sich hintereinander in einer Reihe aufstellen.
- Geben Sie dem ersten Kind einen Ball.
- Das Ziel des Spiels ist, den Ball durch die Beine nach hinten weiterzugeben, bis er am Ende der Reihe angekommen ist.
- Wenn der Ball hinten angekommen ist, gibt das letzte Kind den Ball über den Kopf an den Vordermann weiter.
- Wie schnell können die Kinder den Ball weitergeben?
- Sagen Sie „*Achtung, fertig, los!*" und fangen Sie an zu zählen.
- Bei jedem neuen Durchgang des Spiels sollen die Kinder versuchen, den Ball ein wenig schneller durch die Reihen zu geben als beim vorherigen Mal.
- Das Spiel funktioniert am besten mit älteren Kindern.

Kurz und gesund

Das fördern Sie:

Fitness

Das brauchen Sie: –

So geht es:

- Versuchen Sie, mit den Kindern die folgenden Übungen durchzuführen:

  Tief Einatmen – Zeigen Sie den Kindern, wie man ein- und ausatmet. Üben sie dies einige Male, zählen Sie dann langsam bis zwei, während die Kinder einatmen, und wiederholen Sie dies beim Ausatmen. Das wird den Kindern helfen, einen angenehmen Rhythmus zu finden.

  Auf-der-Stelle-laufen – Zählen Sie bis 25, während die Kinder auf der Stelle laufen.

  Hampelmann – Zeigen Sie den Kindern die Hampelmann-Figur. Springen Sie und stellen Sie die Beine auseinander, springen Sie erneut und schließen Sie die Beine dabei wieder. Wenn die Kinder dies nachmachen können, nehmen Sie die Armbewegungen des Hampelmanns hinzu.

- Diese Übungen bauen Spannungen ab und sind gleichzeitig gesundheitsfördernd.

Fühle deinen Puls!

Das fördern Sie:

Fitness

Das brauchen Sie: –

So geht es:

Schaffen Sie bei den Kindern ein Bewusstsein für ihren Puls.

- Zeigen Sie ihnen, wie sie ihren Herzschlag fühlen und hören können und wie schnell er ist.
- Auf das Kommando *„Los"* sollen die Kinder auf der Stelle laufen, bis Sie *„Stopp"* sagen.
- Lassen Sie die Kinder 15–20 Sekunden auf der Stelle laufen.
- Nun können die Kinder spüren, sehen, tasten oder hören, wie ihr Herzschlag schneller geworden ist.
- Erklären Sie den Kindern, dass Joggen gesund für das Herz ist, da es das Herz trainiert.

Zeit, zu entspannen

Das fördern Sie:

Fähigkeit, sich zu entspannen.

Das brauchen Sie: –

So geht es:

- Zeigen Sie den Kindern Entspannungstechniken, die sie ihr Leben lang einsetzen können.
- Legen Sie sich auf den Boden.
- Spannen Sie verschiedene Körperteile an und entspannen Sie sie wieder.
- Sie können den Kindern das Wort *„Entspannen"* am besten näher bringen, wenn Sie ihnen sagen, wie sie bestimmte Körperteile ganz fest anspannen können, um diese danach wieder locker zu lassen.
- Fangen Sie mit den Zehen an und arbeiten Sie sich nach oben bis zum Kopf.
- Denken Sie an alle Gesichtsmuskeln, einschließlich der um die Augen, des Halses und des Mundes.
- Wenn Sie fertig sind, sollen die Kinder sehr langsam aufstehen und zur Tür gehen.
- Machen Sie die Übung mit den Kindern zusammen, und sie werden sich wundern, wie gut Ihnen das tut!

Stoffpuppe

Das fördern Sie:

Fähigkeit, sich zu entspannen

Das brauchen Sie: –

So geht es:

- Stellen Sie sich vor die Kinder, die Beine auf Schulterbreite auseinander gestellt.
- Lassen Sie die Arme herunterhängen wie bei einer Stoffpuppe.
- Beugen Sie sich langsam vornüber, bis die Fingerspitzen den Boden berühren.
- Bleiben Sie einen Moment in dieser Position und versuchen Sie, sich komplett zu entspannen.
- Kommen Sie langsam wieder nach oben und achten Sie darauf, wie sich die einzelnen Körperteile nacheinander wieder strecken: Hüfte, Taille, Rücken, Schulter und schließlich der Kopf.
- Diese Übung eignet sich wunderbar, um sie mit den Kindern zwischen zwei anderen Übungen zu machen.

Sprache

Heimatbuch

Das fördern Sie:

Kommunikationsfähigkeit

Das brauchen Sie:

Notizbuch, Kleber, Schere

So geht es:

- Sprechen Sie mit den Kindern über Orte in ihrer Stadt/Gemeinde, die sie schon einmal besucht haben.
- Fragen Sie die Kinder, wie diese Orte heißen (z. B. Restaurants, Parks, die Bücherei oder Einkaufsmärkte).
- Schicken Sie den Eltern eine Notiz mit der Bitte, Bilder von solchen Orten zur Verfügung zu stellen.
- Die Kinder sollen die Fotos mitbringen. Kleben Sie die Fotos in ein Notizbuch.
- Nutzen Sie das Buch immer, wenn Sie ein wenig Zeit haben, um mit den Kindern über die Orte zu sprechen.

Sprache

Ich mag ...

Das fördern Sie:

Kommunikationsfähigkeit

Das brauchen Sie:

Trommelstock

So geht es:

- Die Kinder sitzen im Kreis zusammen.
- Geben Sie einem Kind einen Trommelstock.
- Das Kind klopft mit dem Stock auf den Boden und sagt:
  Ich heiße ______ ___ und ich mag gerne __________.
- Danach gibt das Kind den Stock an seinen Nachbarn weiter.
- Kinder haben viel Spaß an diesem Spiel.
  Sie entdecken dabei, dass sie ähnliche Dinge mögen.

Mein Lieblingsplatz

Das fördern Sie:

Kommunikationsfähigkeit

Das brauchen Sie: –

So geht es:

- Beginnen Sie einen Satz, den die Kinder vervollständigen sollen. Sagen Sie z. B. *„Mein Lieblingsplatz in der Stadt ist der Park, weil …"*
- Die Kinder sollen nun überlegen, warum der Park ein schöner Ort ist.
- Beginnen Sie nun andere Sätze, die die Kinder vervollständigen sollen.
- Jüngeren Kindern könnte dieses Spiel noch schwer fallen. Erweitern Sie in diesem Fall vorher ihren Wortschatz und versuchen Sie es noch einmal.

Sprache

Finger-Fernglas

Das fördern Sie:

Kommunikationsfähigkeit

Das brauchen Sie: –

So geht es:

- Dieses beliebte Spiel fördert die Sprachkompetenz auf effektive Weise.
- Jedes Kind sucht sich einen Partner.
- Die Paare setzen sich mit den Gesichtern zueinander.
- Eins der beiden Kinder bildet mit den Fingern ein *„Fernglas"*, indem es mit Daumen und Fingern Kreise um seine Augen formt.
- Das Kind mit dem Fernglas soll nun sein Gegenüber beschreiben. Konzentrieren sie sich auf ein bestimmtes Thema.
  Ein Beispiel: *„Welche Farben haben die Kleidungsstücke deines Partners?"*
- Wiederholen Sie das Ganze und lassen Sie die Kinder die Rollen tauschen.

Kettengeschichten

Das fördern Sie:

Kommunikationsfähigkeit

Das brauchen Sie: –

So geht es:

- Fangen Sie an, eine Geschichte zu erzählen: *„Eines Tages ging ich durch den Park spazieren, und wisst ihr, was ich sah?"*
- Ein Kind antwortet: *„Ein Haus."*
- Alle Kinder fragen *„Was war in dem Haus?"*
- Ein weiteres Kind antwortet: *„Eine Küche."*
- Alle Kinder fragen: *„Was war in der Küche?"*
- Das nächste Kind sagt: *„Ein Kühlschrank."*
- Alle Kinder fragen: *„Was war in dem Kühlschrank?"*
- Das nächste Kind sagt: *„Eine Dose."*
- Alle Kinder fragen: *„Was war in der Dose?"*
- Das nächste Kind sagt: *„Äpfel."*
- Alle Kinder sagen: *„Hm, lecker!"*
- Wenn die Kinder diese Geschichte erzählen können, machen sie es gerne immer und immer wieder.
- Erfinden Sie andere Kurzgeschichten mit ähnlichem Muster.

Und jetzt du!

Das fördern Sie:

Kommunikationsfähigkeit

Das brauchen Sie:

Ball

So geht es:

- Die Kinder sitzen im Kreis zusammen.
- Geben Sie einem Kind einen Ball.
- Das Kind, das den Ball hat, darf den anderen etwas über sich erzählen.
- Fragen Sie das Kind beispielsweise, was sein Lieblingsessen ist.
- Wenn das Kind mit dem Erzählen fertig ist, rollt es den Ball zu einem anderen Kind.
- Es gibt eine Regel: Nur wer den Ball hat, darf reden!

Finde passende Wörter!

Das fördern Sie:

Wortschatz

Das brauchen Sie: –

So geht es:

- Nehmen Sie ein Wort, das die Kinder kennen.
- Sollten Sie kürzlich auf einem Ausflug gewesen sein, nehmen Sie ein Wort, das die Kinder mit dem Ausflug in Verbindung bringen.
- Wenn Sie z. B. auf einem Bauernhof waren, sollen die Kinder Wörter vorschlagen, die zum Wort *„Bauernhof"* passen.
- Sie können z. B. Tiere nennen, die auf einem Bauernhof leben.
- Wenn die Kinder über die Tiere reden, geben Sie weitere Impulse, indem Sie sie auf ein anderes Wort in Zusammenhang mit dem Bauernhof hinweisen. Erwähnen Sie z. B. Weizen, und wie er riecht. Oder fragen Sie die Kinder nach Geräuschen, die sie mit einem Weizenfeld verbinden.
- Gestalten Sie das Spiel je nach Wissensstand der Kinder einfach oder komplex.

Sprache

Sich verabschieden

Das fördern Sie:

Wortschatz

Das brauchen Sie: –

So geht es:

- Sprechen Sie mit den Kindern über verschiedene Möglichkeiten, um sich zu verabschieden: Man kann winken, Hände schütteln und sich umarmen.
- Man kann sich auch mit Worten verabschieden: *„Auf Wiedersehen"*, *„Bis bald"*, *„Schönen Tag noch"* oder *„Tschüss"*.
- Fragen Sie die Kinder, wie sie sich von anderen Menschen verabschieden.
  Wie verabschieden sie sich vom Postboten, vom Arzt, von ihrer Mutter?

Sätze bauen

Das fördern Sie:

vollständige Sätze bilden

Das brauchen Sie: –

So geht es:

Sagen Sie den Kindern, dass Sie nun einen Satz sagen werden, in dem die Wörter *„Hase"* und *„Möhre"* vorkommen.

- Sagen Sie einen Satz, in dem beide Wörter vorkommen, z. B. *„Der Hase isst eine Möhre."*
- Nehmen Sie nun zwei Wörter mit einer ähnlichen Beziehung zueinander, z. B. *„Hund"* und *„Knochen"*.
- Nun sollen die Kinder aus diesen beiden Wörtern einen Satz bilden.
- Wenn die Kinder mehr Erfahrung mit diesem Prinzip gesammelt haben, erhöhen Sie die Wortanzahl.

Silbenklatschen

Sprache

Das fördern Sie:

Wortsilben unterscheiden

Das brauchen Sie: –

So geht es:

- Fragen Sie die Kinder, was sie am Sommer mögen.
- Suchen Sie sich drei Wörter aus den Vorschlägen heraus, z. B. Blumen, Sonne und Eis.
- Klatschen Sie gemeinsam mit den Kindern den Rhythmus der Wörter.
- Klatschen Sie jedes Wort mehrmals hintereinander.

  „Blumen" hat zwei Silben, also klatschen Sie zweimal. *„Sonne"* hat ebenfalls zwei Silben, *„Eis"* hat nur eine.
- Sprechen Sie die Wörter mit den Kindern immer und immer wieder im Chor und klatschen Sie dazu.
- Achten Sie darauf, dass die Kinder im Takt der Silben klatschen.
- Wiederholen Sie die Übung mit anderen Themenbereichen.

Kartenreigen

Das fördern Sie:

Literacy

Das brauchen Sie:

Buchstabenkarten

So geht es:

Die Kinder sitzen im Kreis zusammen.

- Geben Sie ihnen je eine Karte mit einem Buchstaben darauf.
- Lassen Sie Musik im Hintergrund spielen.
- Die Kinder sollen nun zu der Musik die Karten im Kreis weitergeben.
- Üben Sie das Weitergeben der Karten vorher einmal, damit die Kinder die Karten alle in eine Richtung weitergeben können.
- Wenn die Musik stoppt, sollen sie die Karte behalten, die sie gerade in der Hand halten, und den Buchstaben laut sagen, der auf der Karte abgebildet ist.

Variante:

Dieses Spiel können Sie auch zur Zahlen- oder Farbenerkennung nutzen.

Sprache

Luftsprünge

Das fördern Sie:

Literacy

Das brauchen Sie:

Buchstabenkarten

So geht es:

- Bereiten Sie Karten mit je einem Buchstaben des Alphabets vor.
- Zeigen Sie den Kindern die Karte mit dem Buchstaben *„H"*.
- Die Kinder sollen nun jedes Mal hüpfen, wenn sie die Karte mit dem *„H"* sehen.
- Zeigen Sie ihnen eine Karte mit dem Wort *„Hüpfen"*, damit sie sehen, dass *„Hüpfen"* mit *„H"* anfängt.
- Halten Sie nun nacheinander einige der Alphabet-Karten hoch.
- Halten Sie alle drei bis vier Karten die Karte mit dem „H" hoch.
- Spielen Sie das Spiel mit anderen Buchstaben, z. B. *„G"* für *„Galoppieren"* und so weiter.

Mein Name ist ...

Das fördern Sie:

Literacy

Das brauchen Sie:

Ball

So geht es:

- Die Kinder sitzen im Kreis zusammen.
- Rollen Sie einen Ball zu einem Kind.
- Das Kind sagt nun *„Mein Name ist _____, und ______ fängt mit dem Buchstaben ___ an."*
- Das Kind rollt den Ball nun zurück zu Ihnen.
- Rollen Sie den Ball zu einem anderen Kind und wiederholen Sie das Spiel.
- Achten Sie darauf, dass Sie den Ball stets zurückbekommen, so behalten Sie die Kontrolle über das Spiel.
- Jüngere Kinder werden bei diesem Spiel Unterstützung brauchen!

Was hab ich auf dem Rücken?

Sprache

Das fördern Sie:

Literacy

Das brauchen Sie: –

So geht es:

- Schreiben Sie mit Ihrem Finger einen Buchstaben auf den Rücken eines Kindes.
- Das Kind soll nun versuchen zu erraten, welchen Buchstaben Sie gezeichnet haben.
- Wiederholen Sie das Ganze mit dem gleichen Buchstaben auf dem Rücken eines anderen Kindes.
- Lassen Sie die Kinder sich gegenseitig Buchstaben auf die Rücken *„malen"*.

Variante:

Jüngere Kinder, die Buchstaben noch nicht kennen, spielen das Spiel mit einfachen Formen, wie Kreis, Viereck, Dreieck.

Das ABC-Lied

Das fördern Sie:

auditive Wahrnehmung

Das brauchen Sie: –

So geht es:

- Wählen Sie ein Kind aus.
- Dieses Kind soll den Buchstaben, mit dem sein Name beginnt, laut sagen.
- Singen Sie das ABC-Lied, und wenn Sie zu dem Buchstaben kommen, mit dem der Name des Kindes anfängt, unterbrechen Sie gerade so lange, dass man den Buchstaben lautlos singen kann, und fahren Sie danach mit dem nächsten Buchstaben fort.
- Ist der Name des Kindes z. B. Hendrik, singen Sie „*A B C D E F G ___ I J K L M N O P*" usw.

Klopf, klopf

Das fördern Sie:

auditive Wahrnehmung

Das brauchen Sie:

Stift

So geht es:

- Die Kinder halten ihre Augen mit den Händen zu.
- Klopfen Sie ein paar Mal mit einem Stift gegen einen Gegenstand.
- Fragen Sie die Kinder, ob sie wissen, was für ein Gegenstand das ist.
- Wer als Erster die richtige Antwort nennt, darf danach den Stift gegen einen Gegenstand seiner Wahl klopfen.
- Man kann mit dem Stift auf den Boden, an eine Tür, an ein Glas, auf einen Tisch, ans Fenster oder auf eine Trommel klopfen.

Wer ist das?

Das fördern Sie:

auditive Wahrnehmung

Das brauchen Sie: –

So geht es:

- Beschreiben Sie jemanden aus dem Raum anhand seiner Kleidung.
- Sobald das beschriebene Kind erkennt, dass es selbst gemeint ist, soll es aufspringen und *„Ich bin's!"* rufen.

Variante:

Spielen Sie eine Variante des Spiels, indem Sie Objekte beschreiben und die Kinder herausfinden sollen, welcher Gegenstand gemeint ist.

Hörst du dich?

Das fördern Sie:

auditive Wahrnehmung

Das brauchen Sie:

Audio-Aufnahme- und Abspielgerät mit Mikrofon

So geht es:

- Lassen Sie jedes Kind denselben Satz in ein Mikrofon sprechen. Nehmen Sie diesen Satz auf.
- Jedes Kind sagt diesen Satz nacheinander, sodass sie von jedem Kind etwas aufgenommen haben. Geeignete Sätze sind z. B. *„Heute ist ein schöner Tag"* oder *„Kindergarten finde ich toll"*.
- Wenn Sie alle Kinder aufgenommen haben, beginnt das Spiel.
- Spielen Sie die Aufnahme ab. Die Kinder sollen nun versuchen, ihre eigenen Stimmen zu erkennen.
- Dieses sehr beliebte Spiel fördert das Zuhören auf besonders effektive Weise.

Stimmen verstellen

Das fördern Sie:

auditive Wahrnehmung

Das brauchen Sie: –

So geht es:

- Wie kann man seine Stimme verändern?
- Verändern Sie den Klang der Stimme und den Sprachrhythmus.
- Nehmen Sie einen Satz wie *„Ich mag Erdbeereis"* und sagen Sie ihn auf unterschiedliche Weisen:

  Halten Sie sich beim Sprechen die Nase zu.
  Formen Sie mit den Händen einen Trichter um den Mund.
  Sagen Sie den Satz laut.
  Sagen Sie den Satz leise.
  Spitzen Sie die Lippen.
  Halten Sie sich beim Sprechen die Hand vor den Mund.

- Wiederholen Sie das Ganze, singen Sie den Satz jedoch diesmal.

Sprache

Wörterjagd

Das fördern Sie:

auditive Wahrnehmung

Das brauchen Sie: –

So geht es:

- Bestimmen Sie drei Wörter zu einem bestimmten Thema. Z. B. passend zum Thema *„Ostern"* die Wörter *„Hase"*, *„Eier"*, *„Frühling"*.
- Setzen Sie sich vor die Kinder.
- Denken Sie sich eine Geschichte aus, in der die drei Wörter vorkommen.
- Die Kinder sollen genau zuhören und immer, wenn eines der Wörter vorkommt, aufspringen.
- Dieses Spiel macht besonders Spaß, wenn die Wörter häufig in der Geschichte vorkommen.

Bilder beschreiben

Das fördern Sie:

Denkfähigkeit

Das brauchen Sie:

Foto, das eine Handlung darstellt

So geht es:

- Zeigen Sie den Kindern ein Bild, in dem mindestens zwei Figuren und eine Handlung zu sehen sind, z. B. ein Erwachsener, der einem Kind hilft, seine Stiefel anzuziehen.
- Besprechen Sie das Bild mit den Kindern.
- Stellen Sie den Kindern Fragen, die beschreibende Antworten erfordern. Beispiel: *„Welche Haarfarbe hat das Kind?"*
- Lassen Sie die Kinder erzählen, was das Kind gemacht hat, bevor es die Stiefel angezogen hat, und was wohl als nächstes passiert.

Sprache

Geschichtenerfinder

Das fördern Sie:

kreative Denken

Das brauchen Sie:

Beutel, kleine Gegenstände (z. B. Ball, Würfel, Schere)

So geht es:

- Legen Sie einige kleine Gegenstände in einen Beutel.
- Ein Kind soll einen der Gegenstände aus dem Beutel herausnehmen und einen Satz darüber sagen. Helfen Sie ihm gegebenenfalls dabei.
- Wenn der Gegenstand z. B. ein Ball ist, könnte das Kind etwas wie *„Es war einmal ein Ball"* sagen.
- Stellen Sie einem anderen Kind eine Frage zu diesem Ball, z. B. *„Wo wohnt dieser Ball?"*
- Wiederholen Sie die bisher entstandene Geschichte, nachdem das Kind geantwortet hat: *„Es war einmal ein Ball, der in einer Spielzeugkiste wohnte."*
- Führen Sie die Geschichte fort, indem Sie weitere Gegenstände aus dem Beutel hinzufügen. Sie könnten hier z. B. fortfahren, indem sie sagen: *„In dieser Spielzeugkiste traf der Ball seinen Freund, den Turnschuh."*

Kauderwelsch

Das fördern Sie:

Kreativität

Das brauchen Sie: –

So geht es:

- Kauderwelsch ist eine unverständliche Sprache. Sie besteht aus einer Menge sinnloser Geräusche und Laute, sodass jede Art von Sinn durch die Körpersprache vermittelt werden muss.
- Stellen Sie den Kindern eine Frage auf Kauderwelsch, wobei Sie den Sinngehalt Ihrer Frage durch Ihre Körpersprache explizit machen. Schaffen es die Kinder, den Sinn der Frage zu entschlüsseln und anschließend sogar auf Kauderwelsch zu antworten und dabei zu nicken oder mit dem Kopf zu schütteln?
- Die Kinder sollen sich nun untereinander auf Kauderwelsch unterhalten.
- Jüngere Kinder lieben dieses Spiel, da es ihnen die Freiheit gibt, jedes beliebige Geräusch zu machen, während sie Kauderwelsch reden.

Im Supermarkt

Sprache

Das fördern Sie:

Fähigkeit, Reihenfolgen zu bilden

Das brauchen Sie: –

So geht es:

- Sprechen Sie mit den Kindern darüber, was man im Supermarkt tut.
- Zeigen Sie die Reihenfolge der Dinge auf, die man beim Einkauf tun muss:
  Zuerst geht man durch die Tür.
  Anschließend holt man sich einen Einkaufskorb.
- Lassen Sie die Kinder entscheiden, was in den Einkaufskorb gelegt werden soll. Das wird zu einer Menge Diskussion und vielen verschiedenen Meinungen führen.
- Sobald der Korb voll ist, sprechen Sie über das Schlange stehen an der Kasse, darüber, wie die Einkäufe vom Band in Tüten umgeladen und diese Tüten dann zum Auto getragen werden.
- Diese Übung fördert nicht nur die Sprachfähigkeiten der Kinder, sondern fördert auch die Fähigkeit, strukturiert zu denken.

Sätze entwickeln

Sprache

Das fördern Sie:

Fähigkeit, Reihenfolgen zu bilden

Das brauchen Sie: –

So geht es:

- Sagen Sie vor den Kindern einen kurzen Satz auf.
- Nehmen Sie dafür Wörter, die die Kinder verstehen, z. B.: *„Das Auto fährt."*
- Fragen Sie die Kinder, welche Farbe das Auto hat.
- Wiederholen Sie den Satz und fügen Sie die Farbe hinzu: *„Das rote Auto fährt."*
- Stellen Sie weitere Fragen und erweitern Sie den Satz.
- Beispiele für Fragen: *„Wohin fährt das Auto?"* oder *„Ist es ein großes oder ein kleines Auto?"*
- So können Sie nach und nach den Satz komplexer gestalten wie etwa: *„Das kleine Auto fährt ganz schnell zum Meer."* Die Kinder nehmen dabei wahr, wie Information sprachlich umgesetzt werden kann.

Mit dem Körper sprechen

Sprache

Das fördern Sie:

Körperwahrnehmung

Das brauchen Sie: –

So geht es:

Das Üben von Sprachmustern ist eine hilfreiche Erfahrung in der Vorbereitung aufs Lesenlernen.

- Kinder lieben es, neue Wörter zu sagen.
- Sie wiederholen das Wort immer wieder, da sie es so gerne sagen.
- Sagen Sie: *„Eiskrem."*

Sagt es mit euren Mündern.
Sagt es mit euren Händen
(zu den Silben klatschen).
Sagt es mit eurem Köpfen
(zu den Silben nicken).
Sagt es mit euren Füßen
(zu den Silben stampfen).
Sagt es mit euren Augen
(zu den Silben blinzeln).

Natur und Lebenswelt

So wohnen die Tiere

Das fördern Sie:

Wissen über Tiere

Das brauchen Sie: –

So geht es:

- Anhand dieses Fingerspiels können die Kinder auf unterhaltsame Weise mehr darüber erfahren, wie Tiere leben.
- Vermitteln Sie den Kindern die Information, indem Sie diese durch entsprechende Handzeichen anschaulich darstellen:
  Hier ist das Nest für die Vögel (halten Sie die Hände wie ein Nest zusammen)
  und die Bienen wohnen hier. (stecken Sie die Finger so ineinander, dass sie einen Bienenkorb darstellen)
  Dies ist ein Bau fürs Kaninchen (formen Sie mit Daumen und Zeigefinger einen Kreis)
  und in diesem Haus wohnt ihr! (schließen Sie die Fingerspitzen beider Hände zusammen, sodass ein Dach entsteht)

Tierbewegungen

Das fördern Sie:

Wissen über Tiere.

Das brauchen Sie: –

So geht es:

- Die Kinder sollen ein Tier nennen und versuchen, sich wie dieses Tier zu bewegen.
- Zeigen Sie den Kindern, wie sich ein paar ausgewählte Tiere bewegen.
  Schleichen Sie z. B. wie eine Katze, schlängeln Sie sich wie eine Schlange, hüpfen Sie wie ein Hase, schreiten Sie wie ein Elefant oder krabbeln Sie wie eine Ameise.
- Nennen Sie ein Tier nach dem anderen, dessen Bewegungen die Kinder jeweils nachmachen sollen.

Der Märzwind

Das fördern Sie:

Kreativität

Das brauchen Sie: –

So geht es:

Die Kinder bilden einen Kreis und so tun, als seien sie Bäume.

- Jedes Kind kann sich aussuchen, was für ein Baum es sein will.
- Fragen Sie die Kinder, was für Bäume sie sind.
- Bestimmen Sie ein Kind, das den Wind spielt.
- Das *„Wind-Kind"* rauscht durch die Bäume und macht dabei ein Geräusch wie der Wind.
- Die Bäume biegen sich im Wind hin und her.
- Auf Ihr Zeichen hört der Wind auf und tauscht den Platz mit einem Baum.
- Das Kind, was vorher ein Baum war, wird nun zum Wind und das Spiel beginnt von vorn.

Das Elefantenspiel

Das fördern Sie:

Kooperationsfähigkeit

Das brauchen Sie: –

So geht es:

- Teilen Sie die Kinder in Dreiergruppen ein.
- Die Kinder sollen verschiedene Teile eines Elefanten darstellen, sobald Sie „*Elefant*" rufen.
- Das Kind in der Mitte spielt den Rüssel. Dazu beugt es sich vor, drückt die Handflächen aneinander und schwingt so die Arme hin und her.
- Die beiden äußeren Kinder stellen mit ihren Armen die Ohren dar.
- Während der „*Rüssel*" hin- und herschwingt, schlagen die „*Ohren*" wie die eines Elefanten vor und zurück.
- Spielen Sie das Spiel, indem Sie auf eine Dreiergruppe zeigen und „*Elefant*" sagen.
- Sobald Sie auf eine andere Gruppe zeigen, kann die vorherige Gruppe aufhören.

Verdeckte Tiere

Das fördern Sie:

visuelle Wahrnehmung

Das brauchen Sie:

3 Tierbilder

So geht es:

Suchen Sie große Bilder von drei Tieren.

- Verdecken Sie mit der Hand oder einem Blatt Papier Teile eines Tieres.
- Können die Kinder das Tier erkennen?
- Wenn nicht, decken Sie etwas mehr von dem Bild auf, bis die Kinder das Tier erkennen können.
- Wenn das Tier erkannt wurde, verdecken Sie wieder ein Stück und fragen die Kinder, welches Teil vom Tier verdeckt wurde.

Heiß und kalt

Das fördern Sie:

Fähigkeit, Gegensätze wahrzunehmen

Das brauchen Sie:

2 Pappbecher, roter und blauer Klebepunkt (oder Stifte)

So geht es:

Füllen Sie zwei Pappbecher, einen mit heißem und den anderen mit kaltem Wasser.

- Lassen Sie die Kinder an den Außenseiten der Becher fühlen.
- Fragen Sie sie, welcher Becher heiß und welcher kalt ist.
- Markieren Sie den heißen Becher mit einem roten und den kalten Becher mit einem blauen Klebepunkt.
- Finden die Kinder diese Markierung auch noch an einer anderen Stelle der Einrichtung?
  (Wasserhahn im Bad und Küche etc.)

Warme und kalte Hände

Das fördern Sie:

Gegensätze wahrzunehmen

Das brauchen Sie:

3 Schüsseln

So geht es:

- Füllen Sie drei Schüsseln mit kaltem, lauwarmem und warmem Wasser.
- Ein Kind soll nun mit einer Hand in das kalte Wasser fassen und beschreiben, wie sich das anfühlt. Die zweite Hand soll es dann in die Schüssel mit dem warmen Wasser halten und ebenfalls beschreiben, wie sich das anfühlt, ohne die erste Hand aus der kalten Schüssel zu nehmen.
- Jetzt soll das Kind beide Hände in die Schüssel mit dem lauwarmen Wasser halten und beschreiben wie sie sich anfühlen. Die Hand, die im kalten Wasser war, sollte sich warm anfühlen und die Hand, die im warmen Wasser war, kalt.

Lauter Steine

Das fördern Sie:

Fähigkeit der Kinder, Gegensätze wahrzunehmen

Das brauchen Sie: –

So geht es:

- Dieses kurze Spiel kann man gut draußen spielen.
- Kinder können so verschiedene Oberflächen kennenlernen.
- Suchen Sie drei oder vier Steine.
- Streichen Sie mit Ihren Fingern über die Steinoberfläche.
- Bestimmen Sie, ob die Steine rau oder glatt sind.
- Die Kinder sollen nun weitere raue und glatte Steine finden.
- Lassen Sie die Kinder alternativ große und kleine oder helle und dunkle Steine suchen, um sie für optische Gegensätze zu sensibilisieren.

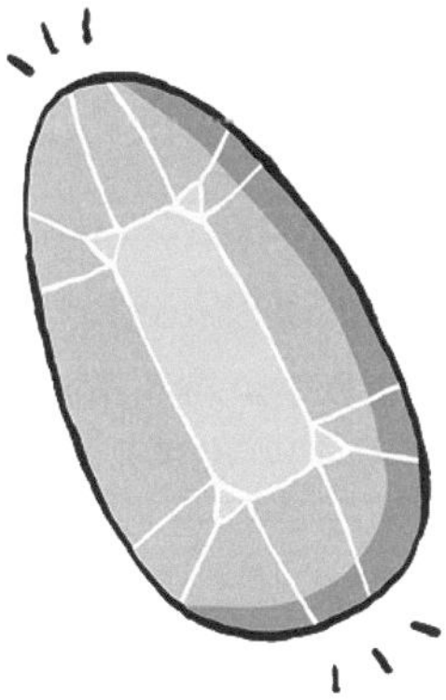

Wo ist das Wasser?

Das fördern Sie:

Wissen über die Verdunstung des Wassers

Das brauchen Sie:

Glas, löslicher Folienstift

So geht es:

- Füllen Sie ein Glas mit Wasser.
- Die Kinder sollen nun jeden Tag von außen mit einem löslichen Folienstift die Wasserkante markieren.
- Besprechen Sie mit den Kindern, warum Tag für Tag weniger Wasser im Glas ist.
- Was passiert mit dem Wasser? Wo bleibt es?
- Gehen Sie spielerisch auf das Thema *„Wasserkreislauf"* ein, indem Sie z. B. von der *„Reise eines Wassertropfens"* berichten.

Schneeflocken fangen

Das fördern Sie:

Wissen über das Schmelzen von Eiskristallen.

Das brauchen Sie:

flache Schüssel, schwarzes Tonpapier, Lupe

So geht es:

- Legen Sie bei Schneewetter eine flache Schüssel nach draußen, um die Schneeflocken aufzufangen.
- Bringen Sie die Pfanne in den Raum und beobachten Sie mit den Kindern, wie der Schnee zu Wasser schmilzt.
- Versuchen Sie in einem zweiten Durchgang die Schneeflocken auf schwarzem Tonpapier aufzufangen.
- Wie sieht der Schnee aus? Schmilzt er auch hier?
- Lassen Sie die Kinder die Schneeflocken mit einer Lupe betrachten.
- Können die Kinder die einzelnen Schneeflocken beschreiben?

Was macht das Ei?

Das fördern Sie:

Wissen über Wasser.

Das brauchen Sie:

2 Gläser, Löffel Salz, 2 hartgekochte Eier

So geht es:

- Füllen Sie zwei gleiche Gläser mit Wasser.
- Geben Sie vier Esslöffel Salz in eines der Gläser und rühren Sie um, bis das Wasser wieder klar ist.
- Die Kinder sollen nun genau aufpassen.
- Geben Sie je ein hartgekochtes, gepelltes Ei in jedes Glas.
- Das Ei in dem Glas ohne Salz wird auf den Boden sinken.
- Im Salzwasserglas wird das Ei schwimmen.
- Bevor Sie das Ei ins ungesalzene Wasser legen, fragen Sie die Kinder, ob sie glauben, dass es untergeht.
- Stellen Sie die Frage erneut beim zweiten Ei.
- Beobachten Sie das Erstaunen in den Gesichtern der Kinder, wenn das zweite Ei schwimmt.

Wassertag

Natur und Lebenswelt

Das fördern Sie:

Wissen über Wasser

Das brauchen Sie:

große Wanne, kleinen Messbecher

So geht es:

- Dieses Spiel lässt Kinder die große Bedeutung von Wasser erahnen.
- Besorgen Sie eine große Wanner und einen kleinen Messbecher.
- Fragen Sie die Kinder, wofür Sie Wasser benutzen.
- Füllen Sie jedes Mal, wenn eine neue Verwendung erwähnt wird, den Messbecher mit Wasser und gießen Sie es in den Behälter.
- Die Kinder werden wahrscheinlich Trinken, Hände waschen, die Toilettenspülung, Tiere füttern, Blumen gießen und Kochen erwähnen.
- Der große, mit Wasser gefüllte Behälter gibt einen visuellen Eindruck von der Wichtigkeit des Wassers und der Menge, die man täglich braucht.
- Wenn der Behälter voll ist, können Sie damit die Blumen im Raum gießen.

Der Trick mit dem Saft

Das fördern Sie:

Wissen über Luft.

Das brauchen Sie:

Schwere, Saft in Tetrapack, Glas

So geht es:

- Diese Übung eignet sich prima für die Frühstückspause.
- Schneiden Sie die eine Lasche von einem Päckchen Saft ab und gießen Sie etwas Saft in ein Glas.
- Zeigen Sie den Kindern, wie langsam der Saft aus der Packung kommt.
- Schneiden Sie auch die andere Lasche ab.
- Zeigen Sie den Kindern, dass der Saft nun viel schneller aus der Packung kommt. Erklären Sie ihnen, dass jetzt mehr Luft in die Packung kommt und der Saft so besser herausfließen kann.

Luftige Antriebskraft

Das fördern Sie:

Wissen über Luft

Das brauchen Sie:

Strohhalme, Tischtennisbälle

So geht es:

- Zeigen Sie den Kindern, wie sie durch Strohhalme pusten können.
- Die Kinder sollen eine Hand vor das andere Ende des Strohhalms halten und den Luftstrom fühlen.
- Legen Sie leichte Bälle (z. B. Tischtennisbälle) auf den Tisch und zeigen Sie den Kindern, wie sie die Bälle durch Pusten durch die Strohhalme bewegen können.
- Experimentieren Sie mit anderen Gegenständen und schauen Sie, was die Kinder mit dieser Methode bewegen können.

Variante:

Sie können den Kindern auch zeigen, wie man in einem Glas Wasser mit einem Strohhalm lustige Blubberblasen und komische Geräusche machen kann. Daran werden die Kinder sicherlich großen Spaß haben.

Nichts als Luft!

Das fördern Sie:

Wissen über Luft

Das brauchen Sie:

Papiertüte, Schnur oder Gummiring

So geht es:

- Zeigen Sie den Kindern eine kleine, leere Papiertüte.
- Lassen Sie sie herumgehen. Die Kinder dürfen hinein fassen, damit sie sicher sein können, dass sich nichts in der Tüte befindet.
- Erklären Sie den Kindern, dass sich etwas im Beutel befindet, obwohl er leer ist.
- Nehmen Sie die Tüte am oberen Ende und verengen Sie die Öffnung.
- Ein Kind soll nun hinein pusten.
- Verschließen Sie die Tüte mit einer Schnur oder einem Gummiring.
- Lassen Sie die Tüte noch einmal herumgehen und fragen Sie die Kinder, ob sie sich so anfühlt, als wäre etwas darin.
- Dieses Experiment zeigt sehr anschaulich, dass Luft Platz braucht, auch wenn man sie nicht sieht.

Luft in Bewegung

Das fördern Sie:

Wissen über Vibrationen

Das brauchen Sie: –

So geht es:

- Erklären Sie den Kindern, dass Geräusche entstehen, wenn Luft bewegt wird.
- Diese Bewegung nennt man Vibration.
- Die Kinder sollen an ihre Hälse fassen und summen.
  Fühlen sie die Vibration?
- Erklären Sie ihnen, dass sie im Hals Stimmbänder haben, die sich hin und her bewegen, wenn sie reden.
- Wenn sie summen, können sie die Bewegung der Stimmbänder fühlen.
- Für ein anderes Spiel halten Sie eine Handinnenfläche vor das Gesicht.
  Pusten Sie auf die Handinnenfläche.
- Bewegen Sie den Zeigefinger Ihrer anderen Hand durch den Luftstrom.
- Wie verändert sich das Geräusch?

Drahtbügelexperiment

Das fördern Sie:

Wissen über Schall

Das brauchen Sie:

Schnur, Drahtbügel

So geht es:

- Dieses Experiment fasziniert Kinder.
- Binden Sie zwei 15 cm lange Fäden an den Ecken eines Drahtbügels fest.
- Jetzt hält ein Kind die Enden der Fäden jeweils in einer Hand.
- Es muss die Fäden ein paar Mal um seine Zeigefinger wickeln.
- Dann steckt es sich seine Zeigefinger in die Ohren und lässt den baumelnden Drahtbügel gegen Dinge aus Holz, Metall und anderen Materialien schlagen.
- Die Geräusche, die es hören wird, werden sehr laut sein!
- Hinweis: Biegen Sie den Haken des Bügels so, dass er ungefährlich ist!

Von Temperatur und Thermometer

Das fördern Sie:

Wissen über die Funktion des Thermometers

Das brauchen Sie:

Thermometer, 2 Schalen

So geht es:

- Zeigen Sie den Kindern ein Thermometer.
- Erklären Sie ihnen, wie es funktioniert.
- Stellen Sie zwei Schalen auf den Tisch.
- Füllen Sie beide zur Hälfte mit Wasser: die eine Schale mit kaltem, die andere mit warmem Wasser.
- Legen Sie ein Thermometer in eine der Schalen.
- Lassen Sie die Kinder die Temperatur ablesen.
- Legen Sie das Thermometer in die andere Schale und lesen Sie die Temperatur erneut ab.
- Beobachten Sie mit den Kindern, wie die Temperaturanzeige steigt und sinkt.

Was ist denn da im Essen?

Das fördern Sie:

Wissen über Lebensmittelzusätze

Das brauchen Sie:

Frischhaltebeutel (wiederverschließbar), trockenes Müsli, Magnet

So geht es:

- Füllen Sie kleine, wiederverschließbare Frischhaltebeutel mit trockenem Müsli.
- Geben Sie jedem Kind einen Beutel.
- Die Kinder sollen nun den Inhalt der Beutel zerkleinern, indem sie es zerdrücken und zerklopfen.
- Öffnen Sie einen Beutel nach dem anderen und halten Sie einen Magneten von außen an das Müsli.
- Beobachten Sie, wie sich Eisenstaub am Magneten ansammelt.
- Dieses Experiment bietet eine sehr anschauliche Erklärung für Lebensmittelzusätze.

Wir machen einen Regenbogen

Das fördern Sie:

Wissen über Lichtreflexionen

Das brauchen Sie:

Glasschüssel

So geht es:

- Füllen Sie eine große, klare Schüssel oder ein großes Glas mit Wasser.
- Achten Sie darauf, dass sich das Wasser nicht bewegt.
- Legen Sie einen Spiegel so in das Wasser, das das Sonnenlicht durch das Wasser auf den Spiegel trifft und reflektiert wird.
- An der Stelle, wo die Reflexion auf die Wand trifft, ist ein Regenbogen entstanden.

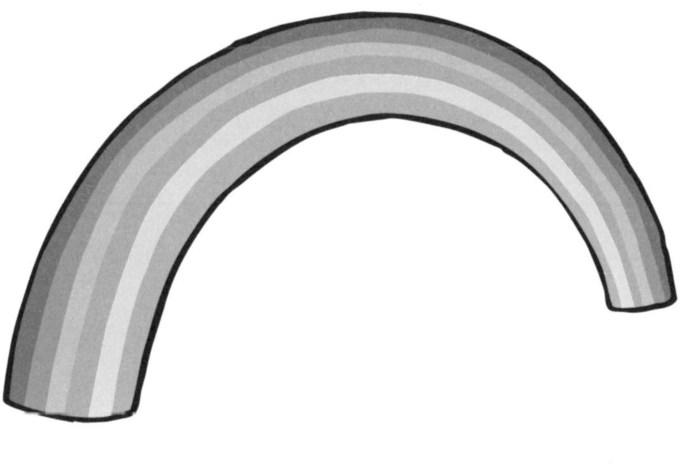

Wir machen Wolken

Das fördern Sie:

Wissen über die Kondensation

Das brauchen Sie:

großes Glas, Tuch, Eiswürfel

So geht es:

- Füllen Sie ein großes Glas mit heißem Wasser.
- Gießen Sie alles Wasser bis auf 2–3 cm aus.
- Bedecken Sie das Glas sofort mit einem Tuch, wenn Sie das Wasser ausgegossen haben.
- Legen Sie etwas Eis auf das Tuch.
- Nach kurzer Zeit bildet sich über der Wasseroberfläche eine Wolke.
- Hinweise: Das Wasser muss wirklich sehr heiß sein, wenn Sie es ausgießen. Seien Sie also besonders vorsichtig in der Nähe von kleinen Kindern. Achten Sie darauf, dass Sie nicht mehr als 2–3 cm im Glas lassen. Das Tuch sollte so dünn sein, dass das Eis problemlos schmelzen kann.

Der Zauberballon

Das fördern Sie:

Wissen über Kohlendioxyd

Das brauchen Sie:

leere Glasflasche, Tasse, Essig, Löffel, Backpulver, Luftballon

So geht es:

- Gießen Sie etwa 50 ml Essig in eine Flasche. Eine Mineralwasserflasche ist gut geeignet.
- Geben Sie zwei Esslöffel Backpulver in einen Luftballon.
- Stülpen Sie den Ballon über die Flaschenöffnung, sodass der Ballon schlaff an der Flasche herunterhängt.
- Sagen Sie den Kindern, dass sich der Ballon nun von alleine aufblasen wird.
- Richten Sie den Ballon kurz auf, sodass das Backpulver in den Essig fällt.
- Nun wird Kohlendioxid entstehen und den Ballon füllen.
- Es wird eine Menge *„Oohs"* und *„Aahs"* geben. Seien Sie auf viele Fragen gefasst.

Menschliche Magneten

Das fördern Sie:

Wissen über Magnete

Das brauchen Sie:

Magnet, Eisennagel

So geht es:

- Halten Sie einen Magneten an einen Eisennagel.
- Lassen Sie die Kinder beobachten, wie der Magnet den Nagel anzieht.
- Die Kinder sollen dann im Sitzen so tun, als wäre eine ihrer Hände ein Magnet und der Rest des Körpers magnetisch.

  Was passiert, wenn ihr den Magneten ans Bein haltet?
  … oder an einen Fuß?
  … oder an den Kopf?

- Die Kinder werden Spaß daran haben, Magneten zu sein und außerdem die Wirkungsweise eines Magneten besser verstehen.

Gewitter und anderes Mistwetter

Das fördern Sie:

Wissen über das Wetter

Das brauchen Sie: –

So geht es:

- Sprechen Sie während eines Gewitters über den Regen, den Geruch und die Wolken, die solch ein Wetter mit sich bringt.
- Fragen Sie die Kinder, wo sich ihrer Meinung nach die Tiere vor dem Regen verstecken. Wohin fliegen Vögel? Wo verstecken sich Hasen und Eichhörnchen?
- Thematisieren Sie auch, wie sich der Mensch auf die verschiedenen Wetterlagen einstellen kann.
- Fragen Sie die Kinder, was sie bei Regen gerne tun.

Schneewörter

Das fördern Sie:

Wissen über das Wetter

Das brauchen Sie:

Bilder zum Thema Schnee

So geht es:

- Sammeln Sie Zeitungsbilder zum Thema *„Schnee"* und zeigen Sie sie den Kindern.
- Sprechen Sie über zusammengesetzte Wörter, die *„Schnee"* enthalten: Schneemann, Schneeball, Schneeschuh, Schneefall und so weiter.
- Die Kinder sollen versuchen, Ihrer Liste weitere Begriffe hinzuzufügen.
- Durchsuchen Sie zusammen mit den Kindern die Bilder nach den *„Schneewörtern"*
- Sie können ergänzend auch Regenwörter bilden: Regenwetter, Regenschirm, Regenmantel, Regenbogen, Regentropfen, Regentage

Kleidergespräche

Das fördern Sie:

Wissen über das Wetter

Das brauchen Sie:

drei Kleidungsstücke

So geht es:

- Zeigen Sie den Kindern drei verschiedene Kleidungsstücke, z. B. einen Stiefel, eine dicke Jacke und eine Mütze.
- Zeigen Sie ein Kleidungsstück nach dem anderen und fragen Sie dabei, warum man es trägt.
- Fragen Sie die Kinder, ob sie schon mal nass geworden sind oder gefroren haben, und welche Kleidung sie dann gerne gehabt hätten.

Kunst und Musik

Blaue Augen, braune Augen

Kunst und Musik

Das fördern Sie:

visuelle Wahrnehmung

Das brauchen Sie: –

So geht es:

- Wählen Sie eine Gemeinsamkeit zwischen mehreren Kindern, z. B. blaue Augen.
- Fragen Sie jedes Kind: *„Hast du blaue Augen?"* Die Kinder sollen mit *„ja"* oder *„nein"* antworten.
- Nachdem jedes Kind geantwortet hat, sollen alle blauäugigen Kinder aufstehen, alle anderen Kinder sollen applaudieren.
- Rufen Sie: *„Applaus für die Blauäugigen!"*
- Wiederholen Sie das Spiel mit braunen Augen.
- Nachdem alle Kinder mindestens einmal aufgestanden sind und Applaus erhalten durften, erklären Sie, dass manche Augen gleich und andere verschieden sind.

Farben finden

Das fördern Sie:

visuelle Wahrnehmung

Das brauchen Sie:

Taschenlampe

So geht es:

- Leuchten Sie mit einer Taschenlampe auf Gegenstände im Raum.
- Sagen Sie den Kindern, dass Sie etwas Rotes suchen.
- Wenn die Taschenlampe etwas Rotes anstrahlt, sollen die Kinder „*Hurra*" rufen.
- Wiederholen Sie das Spiel mit anderen Farben.

Variante:

Versuchen Sie, das Spiel mit Formen statt Farben zu spielen.

Farbenjagd

Das fördern Sie:

visuelle Wahrnehmung

Das brauchen Sie: –

So geht es:

- Wenn Sie *„Los!“* sagen, sollen die Kinder so viele grüne Dinge wie möglich berühren.
- Ihre Ziele müssen sie allerdings hüpfend erreichen.
- Rufen Sie dann *„Stopp!“*
- Die Kinder sollen nun alle Dinge aufzählen, die sie berührt haben.

Varianten:

- Spielen Sie das Spiel mit anderen Farben.
- Spielen Sie das Spiel mit Oberflächen statt mit Farben. Die Kinder sollen z. B. alle weichen Dinge berühren.

Farbwörter

Das fördern Sie:

visuelle Wahrnehmung

Das brauchen Sie: –

So geht es:

- Suchen Sie Dinge im Raum, die rot sind.
- Sagen Sie den Kindern, dass sie sich im Raum verteilen sollen.
- Gehen Sie im Raum herum und fragen Sie: *„Leonie, hast du rote Kleidung an?"*
- Leonie sieht sich ihre Kleidung an und antwortet auf die Frage. Achten Sie darauf, dass die Kinder in ganzen Sätzen antworten.
- Danach darf Leonie im Raum herumgehen und ein anderes Kind fragen, ob es ein rotes Kleidungsstück trägt.
- Fahren Sie fort, bis alle Kinder einmal an der Reihe gewesen sind. Nehmen Sie jeden Tag eine andere Farbe.

Frühstücksfarben

Das fördern Sie:

visuelle Wahrnehmung

Das brauchen Sie: –

So geht es:

- Fragen Sie die Kinder, was sie gefrühstückt haben.
- Sprechen Sie über diese Nahrungsmittel und deren Farben.
- Fragen Sie die Kinder, ob sie etwas Gelbes zum Frühstück gegessen haben. Vergleichen Sie gelbe Lebensmittel wie Eier, Margarine, Käse usw.
- Fragen Sie als nächstes, ob sie etwas Weißes zum Frühstück gegessen haben. Fahren Sie mit weiteren Farben fort.
- Spielen Sie das Spiel mit Mittag- oder Abendessen.
- Dieses Spiel bringt die Kinder dazu, darüber nachzudenken, wie Lebensmittel aussehen.

Kunst und Musik

Rot heißt stopp!

Das fördern Sie:

visuelle Wahrnehmung

Das brauchen Sie:

rotes, gelbes, grünes Papier

So geht es:

- Halten Sie ein mittelgroßes Stück rotes Papier oder Karton hoch.
- Erklären Sie den Kindern, dass das rote Ampellicht bedeutet, dass man stehen bleiben muss.
- Halten Sie ein gelbes und ein grünes Papier hoch und erklären Sie die Bedeutungen der Farben bei der Ampel.
- Die Kinder sollen sich in einer Reihe aufstellen.
- Nun sollen sie von einer Seite des Raumes auf die andere gehen.
- Wenn Sie die rote Pappe hochhalten, sollen sie stehen bleiben.
- Wenn Sie die grüne Pappe hochhalten, sollen sie weitergehen.
- Wenn Sie die gelbe Pappe hochhalten, sollen sie langsam gehen.

Schal-Signal

Das fördern Sie:

kreatives Denken

Das brauchen Sie:

Schal

So geht es:

- Die Kinder dürfen sich je ein Geräusch aussuchen, das sie machen wollen. Das Geräusch dürfen sie so lange machen, wie der Schal, den Sie in die Luft werfen auch in der Luft ist. Sobald der Schal den Boden berührt, müssen sie wieder still sein.
- Die Geräusche sind beliebig – Tiergeräusche, lachen, weinen, summen usw.
- Sagen Sie: *„Achtung, fertig, los!"*, und werfen Sie einen Schal in die Luft.
- Mit diesem Spiel lernen Kinder, auf ein vereinbartes Signal hin, mit dem Erzeugen von Geräuschen aufzuhören.

Ungewöhnlicher Spaziergang

Das fördern Sie:

Vorstellungskraft

Das brauchen Sie: –

So geht es:

- Machen Sie einen ungewöhnlichen Spaziergang mit den Kindern.
- Fangen Sie an einer Seite des Raumes an. Die Kinder sollen sich hintereinander aufstellen.
- Stellen Sie sich an die Spitze der Reihe.
- Die Kinder sollen Ihre Bewegungen nachahmen.
- Gehen Sie los und tun Sie so, als ob Sie über verschiedene Oberflächen laufen:

  Lauft auf heißem Asphalt.
  Lauft im Wasser.
  Lauft auf Eiskrem.
  Lauft auf Felsen.
  Lauft auf Sand.

- Wenn Sie an der anderen Seite des Raumes angekommen sind, sollen sich die Kinder weitere Varianten ausdenken.

Wie fühlst du dich?

Das fördern Sie:

Wissen über Gefühle

Das brauchen Sie: –

So geht es:

- Sprechen Sie mit den Kindern über verschiedene Gefühle.
- Die Kinder sollen versuchen, traurig, glücklich, wütend oder ängstlich zu schauen.
- Ein Kind soll sich vor die Gruppe stellen und ein Gefühl ausdrücken.
- Lassen Sie den Rest der Gruppe raten, welches Gefühl das Kind auszudrücken versucht.
- Als Folgeübung können Sie mit den Kindern durch Zeitschriften blättern und Bilder von Menschen suchen, die traurig, glücklich, wütend oder ängstlich schauen.
- Sprechen Sie mit den Kindern auch darüber, warum jemand traurig, fröhlich, wütend etc. sein kann.
- Fragen Sie die Kinder, was sie traurig, wütend oder fröhlich macht.

Fingergespräche

Das fördern Sie:

Koordinationsvermögen

Das brauchen Sie: –

So geht es:

- Dieses Fingerspiel macht viel Spaß:
  Zwei nette Herren treffen sich im Park. (Daumen hochhalten)
  Beide sind sehr freundlich und sagen: „Guten Tag" (Daumen voreinander „verbeugen" lassen)
  „Wie geht es Ihnen?"
  „Danke, mir geht's gut."
  „Und wie geht es Ihnen?"
  „Danke, mir geht's gut."
  (Daumen bewegen, als würden sie miteinander sprechen.)
- Fahren Sie fort:
  Zeigefinger – zwei nette Damen
  Mittelfinger – zwei nette Riesen
  Ringfinger – zwei nette Kinder
  Kleine Finger – zwei kleine Babys
- Wenn sich die Babys treffen, könnten Sie auch Babysprache verwenden – das finden die Kinder besonders lustig!

Unsichtbare Geschenke

Das fördern Sie:

Kreativität

Das brauchen Sie: –

So geht es:

- Bitten Sie ein Kind zu sich.
- Sagen Sie ihm, dass Sie ihm nun ein Geschenk geben werden.
- Stecken Sie dem Kind, ohne etwas zu sagen, einen imaginären Ring an den Finger.
- Fragen Sie die Kinder, ob sie wissen, was das Geschenk war.
- Fragen Sie die Kinder, welche Geschenke sie gerne hätten.
- Fragen Sie, ob jemand Lust hat, jemand anderem ein unsichtbares Geschenk zu machen.
- Wenn die Kinder unsicher sind, wie sie es machen sollen, zeigen Sie es ihnen.
- Dieses Spiel ist ein hervorragendes Kreativspiel.

Als … durch den Kreis

Das fördern Sie:

Kreativität

Das brauchen Sie: –

So geht es:

- Bilden Sie mit den Kindern einen Kreis.
- Lassen Sie die Kinder jeweils bis drei durchzählen, sodass jedes Kind entweder eine 1, eine 2 oder eine 3 hat.
- Geben Sie den Kindern Anweisungen, wie sie sich durch den Kreis bewegen sollen:
  Alle Einser bewegen sich wie Fische durch den Kreis!
  Alle Zweier gehen durch den Kreis wie Fischer!
  Alle Dreier bewegen sich wie Boote durch den Kreis!
- Überlegen Sie sich andere verwandte Gruppen:
  Zirkus: Tiere, Zirkusdirektor, Seiltänzer
  Bauernhof: Tiere, Traktor, Bauer …

Gesichter auf Reisen

Das fördern Sie:

visuelle Wahrnehmung

Das brauchen Sie: –

So geht es:

- Die Kinder sitzen im Kreis zusammen.
- Bestimmen Sie ein Kind, das mit dem Spiel beginnt.
- Das Kind soll einen Gesichtsausdruck machen oder eine Grimasse ziehen. Anschließend nimmt das Kind sein Gesicht in beide Hände und tut so, als gäbe es das Gesicht an seinen Nebenmann weiter.
- Das nächste Kind macht das gleiche Gesicht und gibt es dann weiter.
- Fahren Sie fort, bis das Gesicht einmal durch die Runde gegangen ist.
- Wiederholen Sie das Spiel mit einem anderen Gesichtsausdruck.
- Wenn die Kinder nicht wissen, was für Gesichter sie machen sollen, schlagen Sie Tiergeräusche oder Gefühlsausdrücke vor.

Das Dirigentenspiel

Das fördern Sie:

visuelle Wahrnehmung

Das brauchen Sie:

Instrumentalmusik, Abspielgerät, Taktstock (Stift)

So geht es:

- Erklären Sie den Kindern, dass der Dirigent eines Orchesters den Musikern mitteilt, wann sie laut und wann sie leise spielen müssen.
- Als Zeichen für leises Spielen legen Sie beide Zeigefinger an Ihre Lippen, als ob Sie *„Psst!"* sagen wollten.
- Als Zeichen für lautes Spielen halten Sie beide Arme von sich gestreckt, wenden Sie die Handinnenflächen Ihrem Gesicht zu und schütteln Sie die Hände.
- Spielen Sie Instrumentalmusik und zeigen Sie den Kindern dann wie ein Dirigent mithilfe eines Taktstockes (oder eines Holzlöffels, eines Bleistiftes etc.) die Musik leiser oder lauter werden lässt.
- Versuchen Sie, dieses Spiel täglich für ein paar Minuten zu spielen.

Eine Tonleiter-Streckübung

Das fördern Sie:

Kennenlernen der Tonleiter

Das brauchen Sie: –

So geht es:

- Singen Sie die C-Durtonleiter: Do, Re, Mi, Fa, So, La, Ti, Do (C, D, E, F, G, A, H, C).
- Legen Sie sich anfangs flach auf den Boden und stehen Sie schrittweise zu den immer höheren Tönen auf.
- Wenn Sie das Ende der Tonleiter erreicht haben, sollten Sie auf Zehenspitzen stehen und die Arme weit nach oben recken.
- Beginnen Sie nun am hohen Ende der Tonleiter und singen Sie bis zum tiefen Ende, wo sie wieder flach am Boden liegen sollten.
- Ermuntern Sie die Kinder, bei dieser Tonleiter-Streckübung mitzumachen

Variante:

Singen Sie die Tonleiter sehr langsam *„nach oben"* und den Weg *„nach unten"* sehr schnell.

Musikbox

Das fördern Sie:

Freude am Singen

Das brauchen Sie:

Schachtel, Kleber, Papier, Stifte, Schere

So geht es:

- Besorgen oder basteln Sie eine besondere Schachtel für Musikkarten.
- Kreieren Sie jedes Mal, wenn die Kinder ein neues Lied lernen, eine Karte mit dem Liedtitel und einem passenden Bild darauf.
- Für *„Alle meine Entchen"* malen Sie eine Ente, für *„Fuchs, du hast die Gans gestohlen"* einen Fuchs usw.
- Legen Sie die Karte in der Musikbox ab.
- Wenn Sie ein paar Minuten übrig haben, zeigen Sie den Kindern eine Karte, fragen Sie sie ob sie wissen, welches Lied gemeint ist, und singen Sie dieses Lied zusammen.

Etwas anders

Das fördern Sie:

auditive Wahrnehmung

Das brauchen Sie: –

So geht es:

- Singen Sie das Lied *„Old McDonald hat 'ne Farm"*.
- Statt die Tiere aufzuzählen machen Sie ein Geräusch.
- Beispiel:
  Old MacDonald hat 'ne Farm,
  heia heia ho.
  und auf der Farm gibt' s viele _____ (klappern Sie mit den Zähnen)
  heia heia ho.
  Es macht klapper hier, es macht klapper da …
- Niesen Sie, husten Sie, küssen Sie, machen Sie jedes beliebige Geräusch.
- Nehmen Sie diese Version des Liedes auf, sodass die Kinder es anhören und dabei selbst Geräusche machen können.

Welches Instrument spiele ich?

Das fördern Sie:

auditive Wahrnehmung

Das brauchen Sie:

Rhythmusinstrumente (Triangel, Rassel)

So geht es:

- Die Kinder sitzen in einem Kreis zusammen.
- Nehmen Sie zwei Rhythmusinstrumente, die verschiedene Geräusche machen, z. B. Triangel und eine Rassel.
- Zeigen Sie den Kindern die Instrumente und spielen Sie sie.
- Die Kinder sollen nun ihre Augen verdecken während Sie eines der Instrumente spielen.
- Lassen Sie sie herausfinden, welches Instrument Sie gerade spielen.
- Wenn das Spiel für die Kinder zu einfach wird, fügen Sie noch mehr Instrumente hinzu.

Wer singt da?

Das fördern Sie:

auditive Wahrnehmung

Das brauchen Sie: –

So geht es:

- Kinder lieben dieses tolle Singspiel.
- Bestimmen Sie zwei Kinder, die nach vorne kommen und sich mit dem Rücken zum Rest der Gruppe stellen sollen.
- Eins der beiden Kinder soll ein bekanntes Kinderlied singen. Verraten Sie den anderen Kindern nicht, welches Kind singt.
- Die Gruppe soll nun versuchen zu bestimmen, wer singt.
- Probieren Sie das Spiel mit drei Kindern zu spielen, die vorne stehen.

Geheimmusik

Das fördern Sie:

auditive Wahrnehmung

Das brauchen Sie: –

So geht es:

- Summen Sie die Melodie eines bekannten Liedes oder singen Sie „*lalala*“ statt des Textes.
- Die Kinder sollen nun das Lied erkennen.
- Wiederholen Sie das Lied und hören Sie an einem bestimmten Wort auf.
- Lassen Sie die Kinder versuchen, das Wort zu bestimmen. Wenn die Kinder den Ablauf dieses Spiels verstanden haben, ermuntern Sie sie, das fehlende Wort direkt einzusingen.
- Fragen Sie sie, wie das Lied danach weiter geht bzw. lassen Sie sie das Lied fortsetzen.

Wie heißt das Lied?

Kunst und Musik

Das fördern Sie:

auditive Wahrnehmung

Das brauchen Sie: –

So geht es:

- Singen Sie ein bekanntes Lied und ersetzen Sie den Text durch *„lalala"*.
- Die Kinder sollen ihre Hände heben, sobald sie das Lied erkannt haben. Das ist für Kindergartenkinder nicht einfach, da sie oft so aufgeregt sind, wenn sie die Lösung wissen, dass sie den Namen des Liedes rufen. Erst wenn alle Kinder die Hände oben haben, bestimmen Sie ein Kind, das den Namen des Liedes sagen darf. Diese Methode hilft Kindern, die nicht ganz so schnell wie die anderen sind.
- Beginnen Sie mit Liedern, die die Kinder sicher kennen.
- Fragen Sie, ob ein Kind Lust hätte, Ihren Part zu übernehmen und den Rest der Gruppe raten zu lassen.

Summ' ein Lied!

Das fördern Sie:

auditive Wahrnehmung

Das brauchen Sie: –

So geht es:

- Lassen Sie die Kinder ihre Lieblingslieder aufzählen.
- Bestimmen Sie drei Lieder davon und singen Sie sie mit der Gruppe, damit jeder die Melodie kennt.
- Summen Sie nun eines dieser Lieder und lassen Sie die Gruppe raten, welches Lied es ist.
- Wer als erstes richtig liegt, darf als nächstes ein Lied summen, während die anderen raten müssen.
- Wenn Sie das Spiel ein paar Mal gespielt haben, lassen Sie die Kinder alle Lieder summen, die in der Gruppe bekannt sind.

Töne treffen

Das fördern Sie:

auditive Wahrnehmung

Das brauchen Sie: –

So geht es:

- Denken Sie sich eine einfache Melodie aus, die eine kleine Anzahl von Wörtern begleiten kann. Die Kinder sollen Sie nachahmen.
- Singen Sie z. B.: *„Hallo miteinander."*
- Die Kinder sollen nun genau so singen wie Sie.
- Singen Sie die gleichen Wörter mit der gleichen Melodie, aber variieren Sie andere Aspekte.
- Singen Sie laut, leise, schnell oder langsam.

Das Begrüßungs-Lied

Das fördern Sie:

auditive Wahrnehmung

Das brauchen Sie: –

So geht es:

- Singen Sie zu der Melodie von *„Bruder Jakob"*:
  „Wo ist Katrin? Wo ist Katrin?"
  „Ich bin hier, ich bin hier!" (Katrin antwortet)
  „Wie geht's dir denn heute?"
  „Danke, mir geht's prima!" (Katrin antwortet)
  „Das ist schön, das ist schön!" (alle singen zusammen)
- Fahren Sie mit dem nächsten Kind fort.

Ringel, ringel reihen

Das fördern Sie:

Fähigkeit, sich zu entspannen.

Das brauchen Sie: –

So geht es:

- Dieses beliebte Kreisspiel macht vor allem jüngeren Kindern viel Spaß und eignet sich wunderbar, um Stress abzubauen.
- Lassen Sie die Kinder Dreiergruppen bilden.
- Sagen Sie das Gedicht auf. Die Kinder sollen die entsprechenden Bewegungen machen. Sagen Sie mit lauter Stimme: *„Huschhuschhusch".*

  Ringelringelreihen, (an den Händen fassen und im Kreis bewegen)
  Wir sind der Kinder dreien,
  sitzen unterm Hollerbusch (hinsetzen)
  Und machen alle Huschhuschhusch! (aufspringen)

Singt doch mal so …

Das fördern Sie:

kreatives Denken

Das brauchen Sie: –

So geht es:

- Überlegen Sie sich verschiedene Möglichkeiten, ein Lied zu singen:

  Singt schnell.
  Singt langsam.
  Singt laut.
  Singt leise.
  Flüstert.
  Singt im Sitzen.
  Singt im Stehen.
  Singt auf einem Bein.
  Singt im Liegen.

- Besonders kreative Möglichkeiten können einzelne Kinder der Gruppe vorstellen.
  Wer kann es genau so machen?

- Lässt sich diese tolle Idee noch weiter ausführen?

Mathematik

Mathematik

Schön, die 2 zu sehen

Das fördern Sie:

Ziffernkenntnis

Das brauchen Sie:

Zahlenkarten (1–10)

So geht es:

- Schreiben Sie eine Zahl auf eine Karte oder ein Stück Papier.
- Erstellen Sie je eine Karte für die Zahlen 1 bis 10.
- Verteilen Sie die Karten an die Kinder.
- Singen Sie zu der Melodie von *„Bruder Jakob"*:
  „2, wo bist du? 2, wo bist du? (das Kind mit der Karte *„2" hält sie hoch)*
  Schaut mal da, schaut mal da!
  Schön, die 2 zu sehen, schön, die 2 zu sehen!
  Tschüss bis bald, tschüss bis bald!"
- Fahren Sie mit anderen Zahlen fort.
- Bei jüngeren Kindern sollten Sie bei 1 anfangen und der Reihe nach fortfahren.
- Bei älteren Kindern können Sie die Zahlen in zufälliger Reihenfolge aufrufen, sodass die Kinder nicht wissen, welche Zahl als nächstes kommt.

Welche Zahl ist das?

Das fördern Sie:

Ziffernkenntnis

Das brauchen Sie:

Zahlenkarten (1–10)

So geht es:

- Nehmen Sie ein Kartenspiel mit Zahlen.
- Zeigen Sie den Kindern eine Karte nach der anderen. Bestimmen Sie mit den Kindern zusammen die Zahlen auf den Karten.
- Zeigen Sie den Kindern die Zahlen 1 bis 10.
- Geben Sie jedem Kind eine Karte.
- Die Kinder sollen sich in der Reihenfolge ihrer Karten aufstellen.
- Nehmen Sie den Kindern die Karten wieder ab.
- Geben Sie den Kindern nun Karten in zufälliger Reihenfolge.
- Die Kinder sollen wieder versuchen, sich in der korrekten Reihenfolge aufzustellen.

Eins, zwei, drei

Das fördern Sie:

Zählfähigkeit

Das brauchen Sie: –

So geht es:

- Klatschen Sie in die Hände und zählen Sie laut: *„Eins, zwei drei!"*
- Die Kinder sollen mit Ihnen klatschen und zählen.
- Anschließend sollen sie verschiedene Körperteile dreimal bewegen und bei jeder Bewegung laut zählen.

  Klimpert dreimal mit den Wimpern!
  Stampft dreimal auf!
  Schüttle dreimal deinen Kopf!
  Hüpfe dreimal!
  Gehe drei Schritte vor und danach drei zurück!

Varianten:

- Denken Sie sich andere Bewegungen aus.
- Spielen Sie das Spiel mit anderen Zahlen.

Taschen zählen

Das fördern Sie:

Zählfähigkeit

Das brauchen Sie: –

So geht es:

- Die Kinder sollen sich ihre Kleidung ansehen.
- Jedes Kind soll nun zählen, wie viele Taschen es insgesamt hat.
- Jedes Kind erzählt nun der Gruppe, wie viele Taschen es gefunden hat.
- Ermitteln Sie das Kind mit den meisten Taschen.
- Welche Kinder haben gleich viele Taschen?
- Wie viele Kinder haben die gleiche Anzahl Taschen?

Wie viele?

Das fördern Sie:

Zählfähigkeit

Das brauchen Sie: –

So geht es:

- Dieses Spiel eignet sich besonders, wenn Sie nur wenig Zeit haben.
- Zählen Sie alles Mögliche.

  Wie viele Kinder tragen etwas Blaues?
  Wie viele Fenster hat der Raum?
  Wie viele Kinder tragen weiße Socken?

- Zählen Sie laut, um die Antwort zu erhalten.

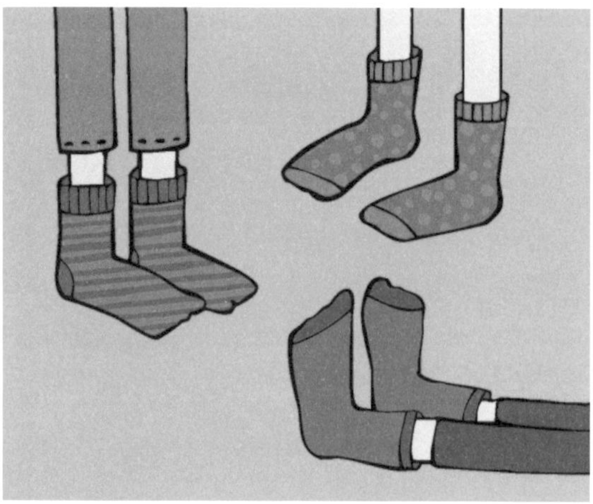

Würfelspiel

Das fördern Sie:

Zählfähigkeit

Das brauchen Sie:

Würfel

So geht es:

- Zeigen Sie den Kindern, wie man die Würfel schüttelt und würfelt.
- Lassen Sie jedes Kind würfeln und zählen Sie die Punkte, die nach oben zeigen.
- Wenn jedes Kind einmal an der Reihe war, spielen Sie das Spiel noch einmal. Lassen Sie nun die Kinder die Punkte zählen und zeigen Sie gleichzeitig die Zahl mit Ihren Fingern.
- Ermuntern Sie das Kind, entsprechend der Augenzahl auf dem Würfel in die Hände zu klatschen, auf der Stelle zu hüpfen o. Ä.

Körperteile zählen

Das fördern Sie:

Zählfähigkeit

Das brauchen Sie: –

So geht es:

- Zählen Sie mit den Kindern zusammen Körperteile.
- Nennen Sie einen Körperteil.
- Wenn alle Kinder diesen Körperteil an sich selbst gefunden haben, zählen Sie sie gemeinsam.
- Lassen Sie die Kinder der Reihe nach Körperteile benennen.
  Hände, Finger, Knie, Zehen, Ohren und Ellenbogen sind sehr beliebt.

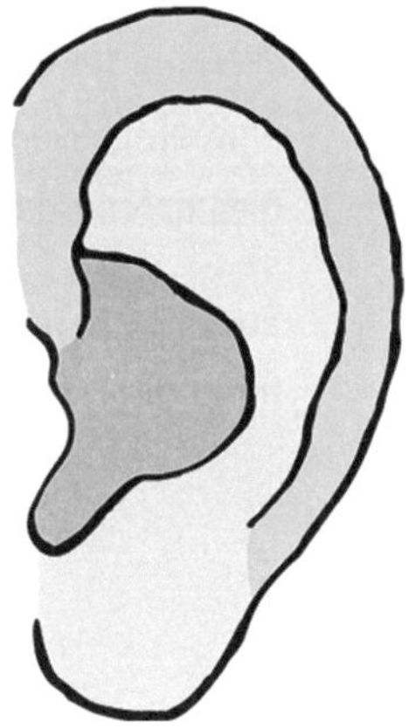

Mathematatik-Rap

Mathematik

Das fördern Sie:

auditive Wahrnehmung

Das brauchen Sie: –

So geht es:

- Dieses Spiel ist eine hervorragende Zählübung.
- Führen Sie folgenden Sprechgesang durch und ändern Sie die Anzahl von Mal zu Mal:

  Wenn's dir Spaß macht, klatsche zweimal in die Hand …
  Wenn's dir Spaß macht, hüpfe zweimal durch den Raum …
  Wenn's dir Spaß macht, springe viermal und klatsch zweimal …

- Geben Sie den Kindern noch kompliziertere Anweisungen.

Mathematik

Fünf gemischt

Das fördern Sie:

Denkfähigkeit

Das brauchen Sie:

Zahlenkarten (1–5)

So geht es:

- Spielen Sie das Spiel mit einer Gruppe von fünf Kindern.
- Geben Sie den Kindern je eine Karte mit einer Zahl darauf.
- Die Kinder haben nun Karten mit den Ziffern 1 bis 5.
- Zeigen Sie den Kindern, wie sie sich der Reihe nach aufstellen können.
- Stellen Sie das Kind mit der Nummer 1 an den Anfang der Reihe.
- Das Kind mit der Nummer 2 soll sich nun daneben stellen.
- Fahren Sie fort, bis die Kinder in der richtigen Reihenfolge stehen.
- Rufen Sie: „*Mischen!*" Die Kinder sollen sich nun in beliebiger Reihenfolge aufstellen.
- Rufen Sie: „*Sortieren!*" Die Kinder sollen nun versuchen, eigenständig die richtige Reihenfolge wieder herzustellen.

Still zählen

Mathematik

Das fördern Sie:

Konzentrationsfähigkeit

Das brauchen Sie: –

So geht es:

- Die Kinder setzen sich in einem Kreis auf den Boden.
- Klatschen Sie viermal in die Hände und zählen Sie laut bis vier: *„Eins, zwei, drei vier."*
- Die Kinder sollen mit Ihnen klatschen und zählen.
- Klatschen Sie erneut viermal, aber zählen Sie diesmal still.
- Bewegen Sie Ihren Mund, sodass die Kinder sehen, wie Sie zählen, aber die Worte nicht hören.
- Die Kinder sollen Sie nachmachen und ebenfalls lautlos zählen.

Mathematik

Nummern hüpfen

Das fördern Sie:

Koordinationsvermögen

Das brauchen Sie:

Klebeband, Zahlenkarten (1–10)

So geht es:

- Kleben Sie mit Klebeband eine gerade Linie auf den Boden.
- Erstellen Sie 10 Karten mit einer Zahl pro Karte.
- Kleben Sie sie der Reihe nach auf den Klebeband.
- Geben Sie den Kindern einzeln nacheinander Anweisungen:
  „Hüpfe bis zur Nummer 3!"
  „Springe zur Nummer 7!"
- Wenn die Kinder das Spiel verstanden haben, können sie sich selbst die Anweisungen geben.

Wie viele Teile?

Mathematik

Das fördern Sie:

Koordinationsvermögen

Das brauchen Sie:

Turnmatte

So geht es:

- Für dieses Spiel legen Sie den Boden am besten mit einer weichen Unterlage aus.
- Die Kinder sollen versuchen, auf zwei Körperteilen zu laufen. (zwei Hände, zwei Knie, ein Fuß und eine Hand usw.).
- Nun sollen die Kinder versuchen, auf drei Körperteilen zu laufen (zwei Beine und ein Arm, zwei Knie und ein Ellenbogen usw.).
- Wiederholen Sie das Ganze mit vier Körperteilen.
- Unterstützen Sie die Kinder bei ihren Versuchen, auf vier Körperteilen zu laufen.
- Schaffen sie auch noch fünf Körperteile?

Mathematik

Großes Durcheinander!

Das fördern Sie:

Fähigkeit, zu vergleichen

Das brauchen Sie: –

So geht es:

- Die Kinder sollen ihre Schuhe ausziehen und auf einen Haufen legen.
- Mischen Sie den Haufen durch, um die Paare zu trennen.
- Geben Sie einem Kind einen Schuh und lassen Sie es das passende Gegenstück suchen.
- Dieses Spiel wird immer einfacher, je weniger Schuhe noch übrig sind. Nehmen Sie also die Kinder, von denen Sie glauben, dass sie Schwierigkeiten mit dem Spiel haben könnten, später dran.
- Spielen Sie dieses Spiel auch mit anderen Gegenständen, z. B. mit Handschuhen, Socken.

Stifte

Das fördern Sie:

Fähigkeit, zu messen

Das brauchen Sie:

Bleistift

So geht es:

- Geben Sie jedem Kind einen (möglichst stumpfen!) Bleistift.
- Zeigen Sie den Kindern, wie man die Stifte zum Messen benutzen kann.
- Durchsuchen Sie mit den Kindern den Raum nach Dingen, die man ausmessen kann.
- Fragen Sie die Kinder, ob die Dinge *„größer als"*, *„so groß wie"* oder *„kleiner als"* die Bleistifte sind.
- Lassen Sie die Kinder mithilfe der Bleistifte Körperteile nachmessen.
- Verwenden Sie Bauklötze, Spielzeugautos oder andere Dinge zum Messen.

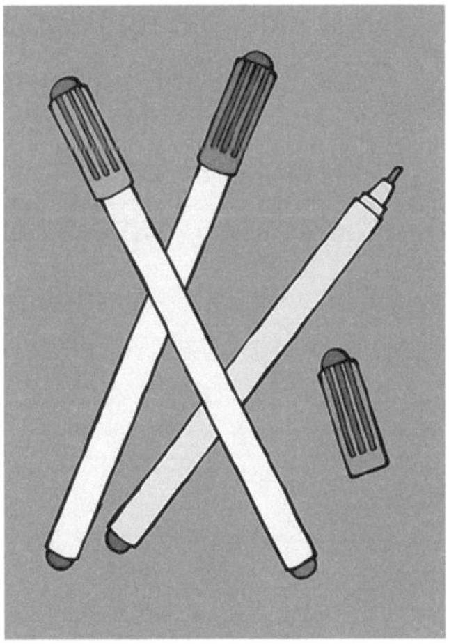

Wonach hab' ich sortiert?

Das fördern Sie:

Fähigkeit, zu sortieren

Das brauchen Sie: –

So geht es:

- Dieses Sortierspiel braucht nur wenig Zeit.
- Am besten spielen Sie das Spiel dort, wo viel Platz zum Herumlaufen zur Verfügung steht.
- Sortieren Sie die Kinder nach einem bestimmten Kriterium, z. B. nach den Farben ihrer Oberteile.
- Die Kinder müssen herausfinden, wonach Sie sie sortiert haben.
- Ein Kind, das rot trägt, soll an einen bestimmten Ort gehen, eines, das Blau trägt, an einen anderen.
- Wenn die Kinder alle eingeteilt sind, sollen sie versuchen, herauszubekommen, was das Sortierkriterium war.

Blätter sortieren

Das fördern Sie:

Fähigkeit, zu sortieren

Das brauchen Sie:

Korb, Laub

So geht es:

- Sammeln Sie ein paar Laubblätter in einem Korb.
- Zeigen Sie den Kindern jedes Blatt.
- Fragen Sie die Kinder, ob ein Blatt jeweils rund oder spitz ist.
- Sortieren Sie die Blätter zusammen mit den Kindern in zwei Haufen: ein Haufen für runde, der andere für spitze Blätter.
- Dieses Sortierspiel eignet sich besonders für jüngere Kinder.
- Benennen Sie nach Möglichkeit den zugehörigen Baum zu den Blättern. Bringen Sie dabei auch den Namen des Blattes explizit mit dem Baum in Zusammenhang, sagen Sie z. B. das ist ein Eichenblatt, das ist ein Kastanienblatt etc.

Perlenmuster

Das fördern Sie:

Fähigkeit, Reihenfolgen zu bilden

Das brauchen Sie:

rote und blaue Glasperlen

So geht es:

- Legen Sie Muster mit roten und blauen Glasperlen.
- Die Kinder sollen Ihnen zusehen, wenn Sie das Muster legen.
- Legen Sie z. B. blaue und rote Perlen abwechselnd.
- Fragen Sie die Kinder nach einiger Zeit, welche Perle als nächste kommt.
- Wenn das Prinzip eines Musters verstanden wurde, ändern Sie das Muster, z. B. zwei rote, zwei blaue, zwei rote Perlen usw.
- Legen Sie dann zwei Mal rot, ein Mal blau, zwei Mal rot etc.
- Erhöhen Sie die Komplexität der Muster. Achten Sie jedoch darauf, dass ein Muster verstanden wurde, bevor Sie zum nächsten übergehen.

Figurenmuster

Mathematik

Das fördern Sie:

Fähigkeit, Reihenfolgen zu bilden

Das brauchen Sie:

Formen aus Karton (Dreick, Kreis usw.)

So geht es:

- Legen Sie mit ausgeschnittenen Formen Muster auf den Boden.
- Verwenden Sie zu Anfang von jeder Form nur eine für das Muster.
- Lassen Sie die Kinder die nächste Form dazulegen, sobald sie das Prinzip verstanden haben.
- Legen Sie z. B. ein Quadrat, ein Dreieck, ein Quadrat, ein Dreieck, ein Quadrat, ein Dreieck usw.
- Lassen Sie ein Kind das nächste Quadrat legen.
- Wenn die Kinder einfache Muster vervollständigen können, legen Sie kompliziertere Muster, z. B. zwei Kreise, zwei Quadrate, ein Dreieck, zwei Kreise, zwei Quadrate, ein Dreieck usw.

Mathematik

Wo ist die Erdnuss?

Das fördern Sie:

Fähigkeit, Reihenfolgen zu bilden

Das brauchen Sie:

5 Pappbecher, Marker, Erdnuss

So geht es:

- Nummerieren Sie fünf große Pappbecher von 1 bis 5.
- Stellen Sie die Becher kopfüber in der Reihenfolge von 1 bis 5 auf einen Tisch oder den Boden.
- Die Kinder sollen die Augen schließen, während Sie eine Erdnuss unter einem der Becher verstecken.
- Lassen ein Kind raten, unter welchem Becher sich die Erdnuss befindet. Es soll dabei folgende Fragen stellen: *„Ist die Erdnuss unter dem ersten/zweiten/dritten usw. Becher?"*
- Wenn das Kind die Nuss gefunden hat, wiederholen Sie das Spiel mit einem anderen Kind.

Kreis grüßt Dreieck

Mathematik

Das fördern Sie:

visuelle Wahrnehmung

Das brauchen Sie:

Schnur, Formen aus Karton (Dreick, Kreis usw.)

So geht es:

- Schneiden Sie geometrische Figuren aus Pappe aus und befestigen Sie jede an einem Band.
- Geben Sie jedem Kind eine Figur. Die Kinder sollen sich die Figuren um den Hals hängen.
- Stellen Sie sicher, dass die Kinder die Figuren um ihre Hälse auch erkennen.
- Die Kinder sollen sich nun gegenseitig auf den Rücken klopfen, mit der Figur ansprechen, die bei dem anderen Kind um den Hals hängt und sich als die Figur vorstellen, die um den eigenen Hals hängt. Beispiel: *„Kreis grüßt Dreieck"* oder *„Quadrat grüßt Kreis"*.

Mathematik

Schwammfigur

Das fördern Sie:

visuelle Wahrnehmung

Das brauchen Sie:

Formen aus Schwamm (Dreick, Kreis usw.), Instrumentalmusik, Abspielgerät

So geht es:

- Schneiden Sie Kreise, Quadrate und Dreiecke aus Schwämmen aus.
- Bestimmen Sie ein Kind zum „*Schwammchef*".
- Der Rest der Gruppe sitzt im Kreis. Der „*Schwammchef*" sucht sich eine Form aus und setzt sich mit geschlossenen Augen in die Mitte des Kreises.
- Spielen Sie Instrumentalmusik.
- Wenn die Musik anfängt, reichen die Kinder die vom Schwammchef bestimmte Figur im Kreis weiter.
- Wenn die Musik aufhört, versteckt derjenige, der die Figur gerade hat, diese hinter seinem Rücken.
- Der Schwammchef muss raten, wer die Figur hat.
- Wenn er recht hat, tauschen die beiden Kinder die Plätze und das Spiel beginnt von vorne. Sonst muss er weiter raten.

Hüpf' zum Quadrat!

Das fördern Sie:

visuelle Wahrnehmung

Das brauchen Sie:

Formen aus Tonpapier in verschiedenen Farben (Dreick, Kreis usw.)

So geht es:

- Schneiden Sie verschiedene Quadrate, Kreise und Dreiecke in verschiedenen Farben aus.
- Legen Sie sie auf den Boden.
- Rufen Sie ein Kind auf.
- Geben Sie dem Kind eine genaue Anweisung, z. B.: *„Hüpfe zu dem roten Kreis!", „Springe zu dem gelben Dreieck!"* usw.
- Führen Sie das Spiel fort bis jedes Kind einmal an der Reihe war.

Mathematik

Hat jemand...?

Das fördern Sie:

visuelle Wahrnehmung

Das brauchen Sie:

viele Formen aus Karton (Dreieck, Kreis, Quadrat)

So geht es:

- Schneiden Sie viele Kreise, Quadrate und Dreiecke aus und geben Sie diese Figuren den Kindern.
- Geben Sie jedem Kind eine zufällige Anzahl von jeder Figur.
- Halten Sie einen Kreis in die Luft und fragen Sie: *„Hat jemand zwei Kreise?"*
- Alle Kinder mit mindestens zwei Kreisen halten diese hoch, damit alle sie sehen können.
- Fahren Sie mit anderen Figuren und anderen Zahlen fort.
- Sie können die Übung noch etwas schwieriger gestalten, indem sie zwei verschiedene Figuren involvieren. Fragen Sie z. B.: *„Hat jemand zwei Kreise und ein Quadrat?"*

Luftfiguren

Das fördern Sie:

kognitive Fähigkeiten

Das brauchen Sie: –

So geht es:

- Die Kinder sitzen in einem Kreis zusammen.
- Malen Sie mit dem Finger einen Kreis in die Luft.
- Die Kinder sollen versuchen, die Figur zu erkennen.
- Fahren Sie mit einem Dreieck und einem Quadrat fort.
- Auch diese Formen sollen die Kinder erkennen.
- Nun sollen die Kinder diese drei Figuren selbst mit dem Finger in die Luft malen.
- Dieses Spiel könnte für die jüngeren Kinder zu abstrakt sein. Zeigen Sie ihnen gegebenenfalls ein Bild von der Figur, bevor Sie sie in der Luft nachziehen sollen.

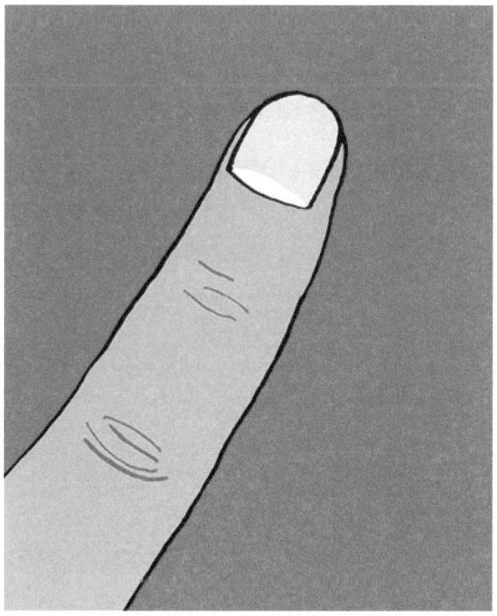

Mathematik

Musikzeit

Das fördern Sie:

Wissen über Zeitspannen

Das brauchen Sie:

Küchenuhr (Eieruhr)

So geht es:

- Sprechen Sie mit den Kindern über Zeitspannen.
- Fragen Sie sie, ob sie glauben, dass eine Minute eine lange Zeit ist.
- Stellen Sie eine Küchenuhr auf eine Minute. Es ist immer wieder erstaunlich, wie lang eine Minute sein kann!
- Lassen Sie die Kinder ein Lied aussuchen, das sie mögen.
- Stellen Sie die Küchenuhr mehrere Male auf eine Minute und singen Sie das Lied immer wieder, bis die Uhr klingelt.

Apfelmatik

Das fördern Sie:

Wissen über Brüche

Das brauchen Sie:

Apfel, Messer

So geht es:

- Schneiden Sie einen Apfel in zwei Hälften.
- Zeigen Sie den Kindern die Hälften und nennen Sie sie „*Halbe*".
- Fügen Sie die zwei Hälften zusammen, sodass ein ganzer Apfel daraus wird.
- Lassen Sie jedes Kind die Hälften zusammenfügen.
- Es ist wichtig, dass die Kinder selbst die Apfelhälften in die Hände nehmen, damit sie das Prinzip im wahrsten Sinne des Wortes begreifen.

Aus allen Bereichen

Kleine Detektive ermitteln

Das fördern Sie:

auditive Wahrnehmung

Das brauchen Sie: –

So geht es:

- Drei bis vier Kinder sollen sich vor die anderen Kinder stellen.
- Sagen Sie den Kindern, dass eines der vier Kinder das *„geheime Kind"* ist.
- Geben Sie den Kindern Hinweise darauf, wer dieses Kind sein könnte.
  Fangen Sie mit beschreibenden Hinweisen wie Haarfarbe, Kleidung usw. an.
- Wenn einer der Hinweise auf eines der Kinder nicht passt, darf die Gruppe dieses Kind bitten, sich hinzusetzen. Wenn Sie z. B. den Hinweis geben, dass das *„geheime Kind"* braune Schuhe trägt, muss sich jedes der Kinder, das keine braunen Schuhe trägt, hinsetzen.
- Wenn neben der auditiven auch die visuelle Wahrnehmung der Kinder besser ausgeprägt ist, können Sie mehr Kinder nach vorne stellen.

Fragen über Fragen

Das fördern Sie:

auditive Wahrnehmung

Das brauchen Sie: –

So geht es:

- Stellen Sie den Kindern Fragen, die sie entweder mit *„ja"* oder mit *„nein"* beantworten sollen.
- Stellen Sie unsinnige Fragen, einfache Fragen und Fragen, die Nachdenken erfordern.
- Ein paar Fragen zur Anregung:
  Schmeckt Eiskrem gut?
  Ist eine Tomate lila?
  Tragen Tiger Kleider?

Variante:

Bilder von Eiskrem, Tomaten und Tigern machen dieses Spiel etwas einfacher für jüngere Kinder.

Geräuschgeschichten

Das fördern Sie:

auditive Wahrnehmung

Das brauchen Sie: –

So geht es:

- Erfinden Sie eine Geschichte. Die Kinder sollen sich Geräusche und Bewegungen ausdenken, die zur Geschichte passen. Beispiel:
  Es war einmal ein Junge, der die Straße entlang ging (die Kinder fangen an, zu gehen).
  Er blieb stehen (die Kinder bleiben stehen)
  und nieste. (die Kinder niesen)
  Er hörte eine Glocke läuten (die Kinder machen ein Glockengeräusch)
  und er dachte sich, dass er jetzt besser nach Hause läuft, um das Abendessen nicht zu verpassen (Kinder laufen auf der Stelle).
- Tauschen Sie dann die Rollen. Jetzt erzählen die Kinder die Geschichte weiter und sie machen passende Geräusche und Bewegungen dazu.
- Wenn den Kindern nicht sofort etwas einfällt, geben Sie ein paar Denkanstöße, indem Sie z. B. fragen: *„Und was macht der Junge nach dem Abendessen?"*

Stille Lieder

Das fördern Sie:

auditive Wahrnehmung

Das brauchen Sie: –

So geht es:

- Dieses Spiel ist bestens geeignet, wenn die Kinder in einer Reihe stehen und Sie ihre Aufmerksamkeit haben möchten.
- Singen Sie einfach ein beliebtes Lied oder ein Klatschspiel relativ leise, sodass die Kinder ruhig werden müssen, wenn sie erkennen wollen, um welches Lied es sich handelt.
- Wenn Sie die Aufmerksamkeit der Kinder haben, dann werden Sie immer leiser im Singen bis dass Sie schließlich lautlos singen.
- Flüstern Sie dann den Kindern zu, dass sie ebenfalls lautlos mitsingen sollen.
- Die Kinder werden sehr schnell still sein und lautlos mitsingen!

Von großen und kleinen Knöpfen

Das fördern Sie:

Kooperationsfähigkeit

Das brauchen Sie:

Knöpfe, Behälter

So geht es:

- Sammeln Sie verschiedenfarbige Knöpfe unterschiedlicher Größe in einem Behälter.
- Jedes Kind darf sich einen Knopf aussuchen.
- Die Kinder sollen nun vergleichen, wer den größten Knopf hat.
- Lassen Sie anschließend den nächstgrößten, den darauffolgenden Knopf usw. bestimmen.
- Schlagen Sie andere Sortierkriterien (Farbe, Anzahl der Löcher, Material …) vor und lassen Sie die Kinder dann wieder eine Knopfreihenfolge bilden.

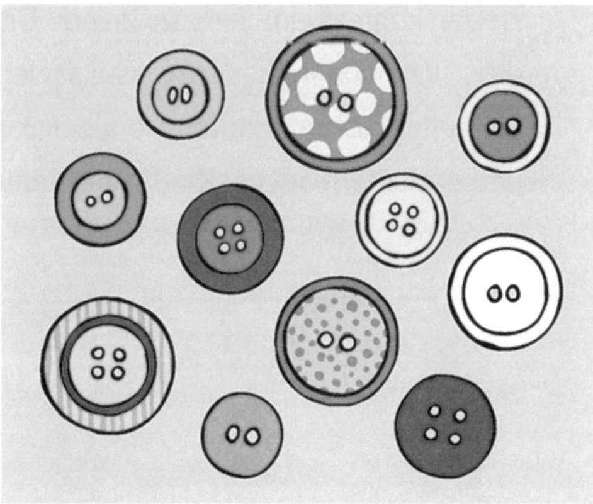

Denk mal gut nach!

Das fördern Sie:

Denkfähigkeit

Das brauchen Sie: –

So geht es:

- Stellen Sie den Kindern Fragen, für deren Beantwortung sie nachdenken müssen:
  Was ist vor oder nach bestimmten Ereignissen passiert?
  Warum zieht Hendrik einen Schneeanzug an bevor er nach draußen geht?
  Wohin geht Fiona mit der Schaufel?
  Wo fährt das Feuerwehrauto hin?
  Warum muss man sich morgens und abends die Zähne putzen?
  Warum gehen alle Kinder irgendwann in die Schule?
- Fragen können eine hervorragende Diskussion initiieren. Für den Fall, dass sich bei den Kindern beispielsweise kleine Meinungsverschiedenheiten auftun, greifen Sie als Diskussionsleiter diese sofort auf und ermuntern Sie die Kinder zur Kommunikation.

Vorher und nachher

Das fördern Sie:

Denkfähigkeit

Das brauchen Sie:

Bilder (wie im Text beschrieben)

So geht es:

- Bereiten Sie für dieses Spiel Bilder von Vorher-Nachher-Situationen vor. Beispiele:
  Eine Banane und eine geschälte Banane
  Ein Teller mit Essen und ein leerer Teller
  Ein volles Glas und ein leeres Glas
  Ein voller Tisch und ein leerer Tisch
  Ein unordentlicher Raum und ein sauberer, ordentlicher Raum
- Zeigen Sie den Kindern ein Bild und fragen Sie sie, was wohl vor oder nach dem Bild passiert ist.
- Zeigen Sie z. B. das Bild von der geschälten Banane und fragen Sie, was davor oder danach passiert.
- Vorher könnte die Banane eine Schale gehabt haben.
- Nachher könnte die Banane in Scheiben geschnitten und ins Müsli gemischt worden sein.
- Fahren Sie mit anderen Bildern fort.

Handpuppen

Das fördern Sie:

Denkfähigkeit

Das brauchen Sie: –

So geht es:

- Tun Sie so, als sei eine Ihrer Hände eine Marionette und als würde die andere Hand sie bewegen.
- Ziehen Sie mit der anderen Hand imaginäre Fäden, um die Marionette aufstehen zu lassen.
- Wackeln Sie mit jedem Finger der *„Puppenhand"* während die andere Hand entsprechend die *„Fäden"* zieht.
- Versuchen Sie, die „Puppenhand" in verschiedene Richtungen zu bewegen.
- Achten Sie darauf, dass die andere Hand die *„Puppenhand"* nie berührt.
- Sie können nach einer Weile auch ein Kind bitten, so zu tun als würde es an den Fäden Ihrer Hand ziehen. Machen Sie dann dazu die entsprechenden Bewegungen.

Variante:

Zeigen Sie sehr jungen Kindern vor diesem Spiel eine echte Marionette.

Wie komme ich da hin?

Das fördern Sie:

Denkfähigkeit

Das brauchen Sie: –

So geht es:

- Besprechen Sie mit den Kindern die verschiedenen Möglichkeiten, um nach draußen oder in einen anderen Raum zu gehen.
- Fragen Sie die Kinder, ob es mehr als eine Möglichkeit gibt, nach draußen zu kommen.
- Nachdem Sie die verschiedenen *„Routen"* besprochen haben, probieren Sie an diesem Tag eine und am nächsten Tag eine andere Möglichkeit aus.
- Alternativ können Sie einen weiteren Erwachsenen bitten, einen Teil der Gruppe zu übernehmen und den einen Weg zu gehen, während Sie mit dem anderen Teil den anderen Weg gehen.

Die Roboter sind da

Das fördern Sie:

kreatives Denken

Das brauchen Sie: –

So geht es:

- Dieses Roboterspiel bietet eine gute Überleitung von einer Übung zur nächsten.
- Die Kinder sollen so tun als seien Sie Roboter und sich entsprechend bewegen.
- Die Arme und Beine machen Geräusche beim Bewegen.
- Sprechen Sie wie Roboter und denken Sie sich Unterhaltungen aus.
- Tun Sie so als würden Sie einen Roboter programmieren. Tippen Sie dazu auf dem Rücken des Kindes einen imaginären Code ein und sagen Sie in einer betont elektronischen Stimme: *„Neues Programm für Roboter Jonas: Jonas läuft jetzt immer im Kreis."* (setzen Sie den Namen des Kindes ein)
- Denken Sie sich für jedes Kind eine andere Programmierung aus.

Fleißige Bienchen

Das fördern Sie:

Vorstellungskraft

Das brauchen Sie: –

So geht es:

- Aufräumen macht den meisten Kindern keinen Spaß!
- Die Kinder sollen so tun, als seien sie Bienen, die den Raum aufräumen.
- Sie sollen durch den Raum schwirren, summen und dabei Dinge aufsammeln.
- Nach kurzer Zeit ist der Bienenkorb aufgeräumt.
- Diese Übung kann auch dabei helfen, die Kinder von einer Aktivität zu nächsten zu führen.
- Lassen Sie die Kinder zur Tür summen, wenn es Zeit ist zu gehen, oder ins Badezimmer, wenn sie die Hände waschen sollen.

Variante:

Spielen Sie den *„Hummelflug"* von Rimskij Korsakow, während die Kinder umherschwirren.

Wichtige Informationen

Das fördern Sie:

Gedächtnis

Das brauchen Sie:

Karteikarten, Stift

So geht es:

- Nutzen Sie die Zeit zwischen zwei Übungen, um die Adressen und Telefonnummern der Kinder zu wiederholen.
- Schreiben Sie die Adresse, Telefonnummer und den Namen jedes Kindes auf je eine Karteikarte.
- Legen Sie die Karten in einer Schachtel ab.
- Ziehen Sie eine Karte.
- Das Kind, dessen Karte Sie gezogen haben, soll seine Adresse und/ oder seine Telefonnummer aufsagen.
- Dieses Spiel lässt Sie nebenbei Kinder herausfinden, die ihre eigenen Daten nicht kennen.

Am Ende des Tages

Das fördern Sie:

Gedächtnis

Das brauchen Sie: –

So geht es:

- Helfen Sie den Kindern am Ende des Tages dabei, sich daran zu erinnern, was sie den Tag über getan haben.
- Fragen Sie sie nach Dingen, die ihnen Spaß gemacht haben oder die sie gelernt haben.
- Dieses Spiel bildet einen passenden Tagesabschluss.
- Sie können danach noch gemeinsam ein Abschiedslied singen.
  Singen Sie folgende Verse zu einer selbst erdachten Melodie:
  Alle Kinder, alle Kinder gehen jetzt nach Haus.
  Große Kinder, kleine Kinder, dicke Kinder, dünne Kinder,
  alle Kinder, alle Kinder gehen jetzt nach Haus.
  Sagen Sie: „Auf Wiedersehen, es war so wunderschön!"
  Singen Sie weiter:
  Alle Kinder, alle Kinder gehen jetzt nach Haus.
  „Tschüss!" (rufen und winken)

Über, unter, neben …

Das fördern Sie:

Raumwahrnehmung

Das brauchen Sie:

Stuhl

So geht es:

- Die Kinder sitzen im Kreis zusammen.
- Stellen Sie einen Stuhl in die Mitte.
- Bestimmen Sie ein Kind, das in die Mitte geht und Anweisungen folgen soll.
  Stelle dich hinter den Stuhl.
  Setze dich auf den Stuhl.
  Klettere über den Stuhl.
  Stelle dich vor den Stuhl.
  Lege dich unter den Stuhl.
  Hüpfe um den Stuhl herum.
- Überlegen Sie gemeinsam mit den Kindern weitere Anweisungen.

Da fehlt doch was!

Das fördern Sie:

visuelle Wahrnehmung

Das brauchen Sie:

einige Gegenstände

So geht es:

- Legen Sie fünf verschiedene Gegenstände auf einen Tisch, sodass alle Kinder sie sehen können. Nehmen Sie dafür gut erkennbare Gegenstände wie Pinsel, Buntstifte usw.
- Benennen Sie jeden Gegenstand um sicher zu gehen, dass alle Kinder die Namen der Gegenstände kennen.
- Die Kinder sollen sich die Augen zuhalten, während Sie einen Gegenstand vom Tisch entfernen.
- Fragen Sie sie, welcher Gegenstand fehlt.
- Wiederholen Sie das Spiel und entfernen Sie diesmal zwei Gegenstände.
- Sortieren Sie die Gegenstände neu und wiederholen Sie das Spiel.

Variante:

Sie können auch anstatt etwas wegzunehmen, die Anordnung der Gegenstände verändern und die Kinder fragen: *„Was liegt jetzt anders?"*

Wahr oder falsch?

Das fördern Sie:

visuelle Wahrnehmung

Das brauchen Sie: –

So geht es:

- Treffen Sie Aussagen über die Kinder oder den Raum.
- Die Kinder sollen mit *„wahr"* antworten, wenn sie glauben, dass die Aussage wahr ist und mit *„falsch"*, wenn sie glauben, dass sie falsch ist.
- Beispiele für Aussagen:

  Alle Mädchen haben rote Kleider an.
  Alle Jungen haben Schuhe an.
  Dieser Raum hat ein Fenster.
  Lina steht auf dem Kopf.

Was fehlt?

Das fördern Sie:

visuelle Wahrnehmung

Das brauchen Sie:

Bilder (siehe Text), Schere, Kleber, Papier

So geht es:

- Bereiten Sie im Vorfeld einige Bilder von Dingen vor, die die Kinder kennen. Schneiden Sie sie aus Zeitschriften, Katalogen oder alten Büchern aus.
- Schneiden Sie bei jedem Gegenstand etwas weg.
  Z. B.:
  Ein Auto, bei dem ein Rad fehlt,
  ein Baum, dem der Stamm fehlt,
  ein Kuscheltier, bei dem das Auge fehlt.
- Kleben Sie die *„fehlerhaften"* Bilder auf ein Stück weißes Papier und zeigen Sie den Kindern die Bilder.
- Fragen Sie die Kinder, was fehlt. Das Kind, das die richtige Antwort gibt, darf mit einem Buntstift das fehlende Teil dazu malen.

Zeit für Stille

Das fördern Sie:

visuelle Wahrnehmung

Das brauchen Sie: –

So geht es:

- Um eine Übung zu beenden und eine neue vorzubereiten, brauchen Sie die Aufmerksamkeit aller Kinder.
- Dieses Spiel beruhigt die Kinder.
- Sagen Sie den Kindern, dass sie jetzt ein *„Leise-werden-Spiel"* spielen werden. Bestimmen Sie ein Kind, das seinen Finger auf die Lippen legt und einem anderen Kind zeigt, dass es dasselbe tun soll.
- Nach kurzer Zeit haben alle Kinder ihre Finger auf den Lippen und – die Gruppe ist ruhig!
- Wenn die Kinder leise sind, sprechend Sie im Flüsterton und loben Sie sie. Kündigen Sie dann ebenfalls im Flüsterton an, was sie zusammen als nächstes tun werden.

Schneller, höher und zurück

Das fördern Sie:

Fähigkeit, Gegensätze wahrzunehmen

Das brauchen Sie: –

So geht es:

Das „Schnell-Langsam-Spiel“:

- Die Kinder sollen sehr langsam durch den Raum gehen. Erhöhen Sie die Geschwindigkeit bis die Kinder rennen, indem Sie sagen: *„Wir gehen immer schneller und immer schneller und immer schneller …“*
- Verlangsamen Sie die Geschwindigkeit wieder auf das Niveau vom Anfang, indem Sie sagen: *„Wir werden wieder langsamer und langsamer und immer langsamer …“*

Das „Oben-Unten-Spiel“:

- Die Kinder sollen ihre Arme gerade nach unten strecken und sie dann langsam heben.
- Wenn die Arme so hoch sind wie die Kinder können, sollen sie die Arme ganz langsam wieder senken.
- Diese Spiele helfen den Kindern dabei, die Prinzipien von langsam, schnell, oben und unten zu verinnerlichen.

Aus allen Bereichen

Bewegung in Gedanken

Das fördern Sie:

Konzentrationsfähigkeit

Das brauchen Sie: –

So geht es:

- Die Kinder sollen absolut regungslos sitzen.
- Nun soll sich jedes Kind im Kopf vorstellen, mit dem Ellenbogen die Nase zu berühren.
- Betonen Sie, dass sie nur daran denken sollen und nicht versuchen sollen, es zu tun.
- Weitere Vorschläge für Gedankenbewegungen:
  Berühre mit deinem Knie dein Ohr.
  Berühre mit deinem Kinn deinen Bauch.
  Stehe auf dem Kopf.
  Balanciere auf einem Ellenbogen und einem Knie.
- Jüngere Kinder haben unter Umständen Probleme damit, sich die Bewegungen nur vorzustellen. Lassen Sie sie gegebenenfalls die Bewegung einmal ausführen.

Spring drei Mal!

Das fördern Sie:

Koordinationsvermögen

Das brauchen Sie: –

So geht es:

- Dieses Spiel eignet sich gut als Überleitung zwischen zwei Spielen.
- Die Kinder stellen sich im Kreis auf.
- Die Kinder sollen der Reihe nach drei Mal springen und dabei laut bis drei zählen.
- Zeigen Sie ihnen einmal wie es geht.
- Wenn die Kinder fertig sind, können sie mit der nächsten Übung weitermachen.

Partnerlauf

Das fördern Sie:

Koordinationsvermögen

Das brauchen Sie: –

So geht es:

- Dieses Spiel eignet sich prima als Überleitung und fördert zudem noch den Gemeinschaftssinn.
- Die Kinder sollen sich Möglichkeiten ausdenken, zusammen mit einem Partner die andere Seite des Raumes zu erreichen. Beispiele:

  An den Händen halten und vorwärts gehen.
  An den Händen halten und rückwärts gehen.
  An den Händen halten und einer geht vorwärts, der andere rückwärts.
  Auf dem Boden rutschen.
  Auf dem Boden trocken schwimmen.
  Hüpfen, springen oder auf einem Bein hüpfen.

Beweg dich mit einem Lächeln

Das fördern Sie:

Wissen über Gefühle

Das brauchen Sie: –

So geht es:

- Dieses Spiel eignet sich als Überleitung zwischen zwei Übungen und verbindet Bewegung mit Gefühlen.
- Überlegen Sie sich Bewegungen, die die Kinder machen können.
- Die Kinder sollen nun eine bestimmte Bewegung mit einem bestimmten Gefühl kombinieren.
- Ein paar Beispiele:

Laufe mit einem Lächeln!
Krabbele und lasse deinen Kopf dabei traurig hängen!
Springe und lache dabei!
Laufe auf den Zehenspitzen und schmolle dabei!
Marschiere und schaue dabei ärgerlich!
Schleiche und schaue dich dabei ängstlich um!

Zeit für Überleitungen

Das fördern Sie:

Fähigkeit, zu kategorisieren

Das brauchen Sie: –

So geht es:

- Überleitungen bieten passende Gelegenheiten, um die Fähigkeit zu trainieren, Dinge zu kategorisieren.
  Wer braune Schuhe trägt, kann sich die Hände waschen gehen.
  Wer etwas Rotes trägt, kann etwas ausmalen.
- Überlegen Sie sich andere Möglichkeiten, Kinder von einer Übung zur nächsten zu führen, indem Sie sie kategorisieren üben lassen:
  Wer braune Haare hat …
  Wer weiße Turnschuhe trägt …
  Wer Bananen mag …

Ein Namensspiel

Das fördern Sie:

Literacy

Das brauchen Sie:

großes Papier oder Flipchart, Stift

So geht es:

- Dieses Spiel eignet sich prima, um die Kinder von einer Übung zu nächsten zu führen und trainiert zusätzlich noch die Buchstabenkenntnis.
- Gehen Sie durch den Raum und fragen Sie jedes Kind nach seinem Namen und dessen Anfangsbuchstaben.
- Schreiben Sie die Anfangsbuchstaben auf ein Blatt, eine Tafel oder einen Flipchart.
- Geben Sie Anweisungen wie: *„Wenn dein Name mit einem M anfängt, darfst du jetzt Hände waschen gehen."*
- Jüngere Kinder werden Hilfe brauchen, um den Anfangsbuchstaben ihres Namens zu erkennen.

Literatur

Kati Breuer:
Mit Musik durchs Kita-Jahr! Lieder, Tänze, Klanggeschichten.
Verlag an der Ruhr, Mühlheim, 2010

Monika Bücken-Schaal:
Die 50 besten Spiele in unruhigen Situationen.
Don Bosco Medien, München, 2013

Kathy Charner, Maureen Murphy, Charlie Clark:
155 Fünf-Minuten-Spiele für die Krippe zum Sprechen, Fühlen, Entdecken und Bewegen.
Verlag an der Ruhr, Mülheim, 2008

Bernadette Grießmair:
101 Spiele für Vorschulkinder. 5-Minuten-Ideen für die Kita.
Verlag an der Ruhr, Mülheim, 2013

Carla Häfner:
Ich bin der große Kitzelbär, frohes Lachen mag ich sehr … Verse, Lieder & Spiele für die Wahrnehmung.
Verlag an der Ruhr, Mühlheim, 2014

Wilma Osuji:
Sprachförderung – Grundlagen und mehr als 80 Spiele.
Don Bosco Medien, München, 2014

Bernd Schlag:
Spiele rund um die Natur. 99 Ideen für alle Jahreszeiten.
Cornelsen Scriptor, Berlin, Düsseldorf, 2011

Nicola Steinmeyer:
101 Spiele für alle Sinne. 5-Minuten-Ideen für die Kita.
Verlag an der Ruhr, Mülheim, 2012